Glück gehabt

Ute M. Pfeiffer

Glück gehabt

geDICHTE
in Lyrik und Prosa

Illustrationen von
Julian Herstatt

FSC
www.fsc.org
MIX
Papier aus verantwortungsvollen Quellen
Paper from responsible sources
FSC® C105338

Impressum:

elbaol verlag hamburg
ellen balsewitsch-oldach
www.elbaol-verlag-hamburg.de
Druck, Fertigung und Auslieferung:
BoD GmbH, Norderstedt
ISBN 978-3-939771-93-7
EUR 12,00

Inhalt

In der Schöpfung

In der Schöpfung ist einiges
          durcheinander geraten,
          aber es gibt sie noch,
die wunderbaren Dinge,
als da sind
          barocke Musik,
          Kentauren
und die Nacht.
Wer wollte das bezweifeln?

Bewusst 1

Wenn oder falls ich als Alte von Online nach Offline
gehe, begebe ich mich nach ganz Alt.
Aber noch erinnere ich das stolz-erregende Gefühl,
wenn der ausgestellte, leichte Rock
beim Tanzen gegen die Beine schwang.

Wegen meines Alters werde ich zur Risikogruppe gerechnet.
Ich trainiere mein Gedächtnis,
lese die Tageszeitung, besonders das Feuilleton,
denke über das Gelesene nach, bevor ich es vergesse,
kann mit all den Informationen bewusst nichts verändern.

Stochere ich deshalb im Nebel? Nein!, ich stehe im Regen,
lasse die Tropfen an mir herunterrinnen, beobachte einen
an der Tülle meiner Teekanne, ihr Weiß,
ihre vollendete Form, kranichgleich,
und lebe meine Zeit.

Die Zeit des Teilens – ich teile
anfangs mit den gefiederten Freunden,
danach mit Wild und Fischen.
Dann folgt das eingeschränkte Teilen unter allen,
später kannibalistisch der Leichen.

Gleichzeitig vermerke ich
das Ausbluten unserer Selbst,
zuerst der Schwachen,
danach der Empathischen und Alten,
dann bleiben nur noch zwei übrig,
Bezos und Musk.

Bewusst 2

Was seid Ihr?
Ihr nennt Euch Menschen, Homo sapiens,
legt Wert auf individuelle Persönlichkeiten, Selbstbestimmung, Familie und Beruf.
Eure Kinder, so sagt Ihr, seien Eure Zukunft.

Aber kein anderes Tier zerstört solcherart und global die eigene Zukunft:
das Klimadebakel, Verseuchung von Böden und Wasser,
Nuklear- und Plastikmüll, die Folgen von Kriegen und Umweltkatastrophen,
die Atmosphäre degradiert zur Deponie Eures Unrats
aus endlosem, folgenlosem Reden, Euren unbarmherzigen Wörtern und Gefühlen.

Ihr gebt – bewusst – Eure Kriegs- und Katastrophentraumata an Eure Kinder weiter.
Ihr macht Eure Kinder – bewusst – zu Opfern, Tätern, Mitläufern.
Ihr entfremdet Eure Kinder – bewusst – den eigenen Kulturen.
Böse Absichten bestreitet Ihr.

Ihr ward doch einmal Kinder, Menschenkinder,
freundlich, mitfühlend und anderen zugetan!
Ihr könntet Euch wieder menschlich verhalten,
wohlwollend und gütig, für das Menschengeschlecht sowie den Planeten.

Turm

Daran, dass die Welt entsteht, denke ich gern. Ich trage sämtliches Geschehen fest in mir und könnte alles wiedergeben, bis hin zur Individualität der einzelnen Atome. Auf den leicht gewölbten Rändern heißer Gründe besteht für mich die beste Rundsicht. Harpyien, Phönix und Greif lernen mich kennen. Der Gipfel des Vulkans bietet einen besseren Platz. Ich wohne im Schlot und werde mit Getöse, Lava, Dampf und Gasen in die Luft gespieen. Wind und Wetter, Wald und Wasser, Sumpf und See, die wechseln ab und ich befinde mich darinnen, darüber, überall und doch am Platz. Von erhöhter Warte aus erlebe ich, was ringsherum geschieht.

Viel Seltsames, das Land verhält sich ohne Gletscher still, und manches wilde Tier lebt hier mit Pfoten, Hufen, Flügeln. Bei Sonne folgen dem Rentier die Menschen und tanzen, jagen und tanzen, vollendete Anmut und Harmonie. Jäger ziehen durch, Männer, Frauen, Kinder siedeln in der Nähe. Über ihre Funktion dem Weltall gegenüber weiß ich nicht so recht Bescheid. Auf jeden Fall aber, die Menschen sollen Freundlichkeit und Liebe bringen, und sie verfügen über Malerei, Musik und Sprache. Auch erheben sie den Zeigefinger zum Wolf. Für die Menschen merke ich mir alles, was ich höre und sehe und was mensch mich wissen lässt. Noch hause ich auf einem Baum, auf einer von drei hohlen Eichen. Doch baue ich ein Türmchen mit Pfosten, Flechtwerk, Lehmbewurf, so ähnlich wie der Siedler Häuser in der Nähe meiner Bäume. Als Türknauf dient ein Ginkgoblatt mit langem Stiel.
Tätig sind die Menschen hier, sie legen absehbare Brände, roden Wald und setzen Zäune, pflanzen, zähmen, züchten und vermehren sich und alles. Mit den Kranichen sehe ich sie tanzen.
Die Kuckuckslichtnelken blühen und der Vogel ruft. Ein Händler hat das Dorf erreicht, seine Beinlinge unterscheiden ihn, und er geht auf Zehen

fast wie die Wölfe. Er erspürt den Boden vom Ballen her, schnellt vollendet und elegant. Die Hiesigen in ihren Schurzen treten mit der Ferse auf, ein Ruck geht bei jedem Schritt durch den Körper, hart bis unters Schädeldach. Schmuck führt der Händler mit, aus Bernstein und Muscheln, tauscht ihn gegen Klingen und Spitzen aus Stein. Ein Festtag!
Mit Anbruch der Dämmerung treten zwei Männer verstohlen aus einem Haus. Sie tragen schwer an dem in wollene Tücher eingeschlagenen Körper, tragen ihn Richtung Moor. Da bringt der Steinschläger ein verschlossenes Gefäß zu meinen Bäumen. Während er gräbt, wischt er sich wieder und wieder die Nase. Deren linker Flügel klafft. Er blickt aufs Wasser, versenkt den Topf tief in der Erde, und die anderen zwei kehren mit leeren Tüchern zurück. Ihre Frauen wirken bedrückt.

Ein Kind wird geboren, ein kleines rundliches Mädchen, das am ganzen Körper dunkel behaart ist, was alle Menschen in größte Aufregung versetzt. Sollen sie es vorsichtshalber töten? Oder die Mutter? Hat sie als Schwangere Unrechtes gegessen? Gedacht? Getan? Ist das Kind ein Zeichen? Die Weisen halten Abwarten für das Beste, und so bleibt das Kind am Leben, und die Körperhaare fallen aus. Das Mädchen wächst zu einem kräftigen Wesen heran. Es leidet auch an Schnupfen und sehnt sich nach den Drachen, kommt zu mir und tanzt. Es spürt eine solche Geborgenheit, eine Sicherheit, dass nämlich seine Mutter es sogar um den Preis ihres Lebens schützen würde.

Ich beobachte nur wenige Menschen an meinem Platz. Sie beten am Turm zwischen den Bäumen, feiern und sprechen, leben hier und in der Umgebung.

Männer sitzen unter meinen Eichen zu Gericht, eine Witwe wird der Hexerei beschuldigt, Nachbars Kinder, Bürgermeisters Vieh. Hier wird die Gute überrumpelt, sie in Zwiesprache und in die Ferne blickend versun-

ken, wird sie festgenommen. Ihre panisch aufgerissenen Augen, als die Schergen sie packen! Ihr Versuch zum Schrei mit einer Faust erstickt! Ihre Haube vom Kopfe gerissen, zu Boden geschmissen und darauf getreten. Dem hochnotpeinlichen Verhör kann ich mich nicht entziehen, es findet an Ort und Stelle statt. Doch ertrag ich es nicht, als ein Herr ihr helles Mieder mit dem Messer schlitzt, auch das braune Leinen ihres Rocks. Sie schlägt und kratzt und beißt und windet sich. Wie sich die Männer am eigenen Reden und Tun berauschen! Gleich mir, so hoffe ich, verliert sie das Bewusstsein.
Sie wird verbrannt. Das Käuzchen ruft, ich streiche meinen Turm.

Waffengeklirr und schrilles Geschrei! Fußvolk und Reiter ziehen vorbei, verfolgt von den Dörflern mit Sensen, mit Messern und Forken. Ein graubrauner Winterhimmel, der öffnet seine Schleusen, die Menschen weinen, auch wenn die Dörfler siegen, die Plünderer, die Schänder und Mörder verdient ins Moor jagen. Solche Bilder kenne ich. Winzige Drachen versammeln sich auf griffigem Eis wie hier die Menschen. Das Eis, die Schuppen wie Splitter und steil geschichtet, mit ebenen Flächen darin und farblosen Kreisen. Darunter gebrochene Formen in Weiß, wenn Myriaden von Tröpfchen zerspringen, ein trockenes Knirschen beim Brechen, das Plätschern der Wellen auf Eis und süßliche Düfte trotz Kälte. Ein kleiner Drachenvogel aus dem Paradies entfaltet seine Flügel, das Tauen setzt ein, das Untere passt sich dem Oberen an, der Kleine kann nicht fliegen und dümpelt im Matsch, die zierlichen Drachen sind verschwunden.

Der Simpel kommt! Nach seiner Ankunft liegt er krank und fiebernd und bittet mich, zwei Salzheringe aufzuschneiden und ihm je einen für die Nacht unter die Fußsohle zu binden, das helfe. Auf sein Geheiß vergrabe ich die Fische im Sand, und Simpels Fieber sinkt.

Simpel flüchtet durch deutsche Lande, erzählt vom nie endenden Krieg. Was er alles an Unvorstellbarem erlebt, ich fasse es nicht!

Unter der Schwelle meines Turmes finden wir eine Ratte, hellgrau. Der Schwanz, die Hinterbeine und der halbe Leib sind zu sehen und auch als wir uns ihr nähern, huscht sie nicht davon. Der Simpel packt die Ratte am Schwanz. Er muss sehr viel Kraft aufwenden, sie zwischen Stein und Holz hervorzuzerren. Simpel schafft es. Die Ratte liegt mit geschlossenen Augen auf der Seite, scheint tot. Wir betrachten sie, als sich plötzlich ihr Leib mit Luft füllt, sich hebt und bläht, als wolle er platzen. Die Pfötchen tasten ins Leere. Auf einer Schaufel trägt Simpel sie vorsichtig ins hohe Gras, sie atmet regelmäßig. Sorgsam legt er sie auf ein gepolstertes Bett, wir sehen die Ratte nicht wieder.

Für die Helle der Tage baut mir der Simpel eine Sonnenuhr. Sommers liebe ich es, die windgeblähten Spinnenweben zwischen Turmwand und Zeiger zu entdecken, unzählige, neben- und übereinander, kleine wohlgeformte Bäuche. Auch zwischen Dach und Galerie hängen sie, wehen sacht auf Beutefang. Ich schwinge mich rücklings über das Geländer, lasse mich gleiten. Feinste Teilchen, Widerhäkchen, Kletten gleich, versuchen mich zurückzuhalten und zu hindern. Die Gespinste zerreißen, feine Läppchen schaukeln und bleiben, ich sinke und schwebe, so wie es der Maler Volker Stelzmann im Bild festhält.

Die Frauen aus dem Dorf sprechen unter meinem Turm davon, dass die Herren im Schloss alle Männer an den englischen König verkaufen. Der zwinge sie, auf der anderen Seite der Erde als Soldaten für ihn zu kämpfen. Besonders unerbittlich gebärdet sich der junge Graf, ein stattlicher Mann mit hartem Fersentritt. Ich sehe ihn, wie er nach einem Überfall einzig einen Ritz im linken Nasenflügel betrauert. Es gebe ausreichend und immer wieder Männer, schlägt er den Frauen ihr Bitten ab, die Män-

ner und Söhne zu verschonen. Allerdings, zahlten sie mehr für den Mann als der englische König, könnten sie das Geschäft abschließen. Und verließen die Männer heimlich das Dorf, der Herr würde die Frauen bestrafen.
Der Hirsch trägt sein Geweih stets ohne Doppelkinn, wie schon der Großvater sagt. Keiner der Männer kehrt zurück, auch wenn einige das Schlachten überleben.

Der Wald wird immer stärker eingeschlagen, sodass ich ein weites Panorama überblick, von Wasser zu Wasser, dazwischen die Senken und Hügel und Seen. Dort, Adonis, weißer Falke, er reitet bei auf meine Faust. Arabisches Geschüh trägt er aus feinstem Ziegenleder und bringt mir Nachrichten aus Afrika. Er kennt sich im Gestütshof des Ibrahim Pascha aus, wo zauberhafte Stuten sich mit ihren Fohlen zwischen den Bäumen ergehen. Was ist edler als ein galoppierender Asilaraber oder ein Falke, der engelgleich fliegt? Ein Derwisch arbeitet das Kriegerpferd, das auf der Hinterhand tänzelt und Staub aufwirbelt, am langen Zügel mit festem Stock. Das Handpferd des Paschas wird hereingeführt, Leopardenfell und Säbel an der Seite. Ein Mameluck übt sich im Steigbügel stehend für den Speerwurf: Vorbereitung auf die Löwenjagd. Auf steinigem Boden mit spärlicher Vegetation werden die Zelte zusammengeschnürt, überall Halbmondzeichen. Eine Gruppe von Damen verlässt unter der Führung des Eunuchen den Harem, ihre Pferde sind gesattelt, sie reiten verschleiert in die Wüste hinein. Aber nicht dorthin, wo europäische Rotröcke den Raub einer ihrer Frauen durch Araber, mit Lanzen bewaffnet, zu verhindern versuchen. Ein mit Geflecht verzierter Zweispänner steht bereit. Währenddessen begegnen sich zwei im Basar, zwei, die die Umstände mögen und sich. Sie sprechen über getrockneten Hai. Die Falknerin ist eingetroffen, ihr Ruf klingt weit.

Frauen, viele Frauen, aus allen Richtungen kommen sie, gekleidet in schönste Gewänder aus Wolle, aus Seide und Samt, bestickt und geschmückt mit Gold und Steinen und schwebenden Tüchern und Schleiern. Sie lachen und reden, zwei stimmen ein Lied an, eine wiegt sich dazu, es werden immer mehr. Drehen, drehen, sich an den Händen fassen, die Arme heben, strecken, Köpfe neigen, Hände winken. Bunte Tücher schwenken, Hüften kreisen, Wellen schlagen. Vorsichtig treten ein paar Männer hinter den Bäumen hervor, bleiben, von den Tänzerinnen unbeachtet. Die Tücher ziehen Bahnen um die Frauen, die immer schneller kreiseln, im Rhythmus der Stimmen, der Schellen und Trommeln, sich wenden und drehen, behände die Farben der Tücher verwehen. Die Männer stehen stumm, wie wenn im wilden Wein der Wind sie schreckt. Ein erster traut sich, er tritt an die tanzenden Frauen dicht heran, stampft zögernd den Takt, ein nächster folgt, die anderen. Immer gelöster werden ihre Bewegungen, sie gehen in die Knie, springen kraftvoll in die Mitte, fassen um die Taillen, bis alle in Tanz und Musik vergehen und glühen.
Erst in der Dunkelheit lassen sie von einander ab.

Es ist so trocken und so heiß, dass die Rüden zu lustlos sind, das Bein zu heben.
Etwas Schreckliches geschieht, welch ein Jammer! Im Dorfe brennt es! Kurz vor Einbruch der Nacht riecht es nach Brand und schon lodert heller Schein. Ich trete auf die Galerie, damit ich besser sehen kann. In der Nähe der Kirche laufen die Menschen verstört umher. Schreien. Suchen. Sammeln und treiben das Vieh Richtung Strand.
Alle Gebäude zerstört. Nur die Grundsteine und die gemauerten Kamine zeigen die Häuser an. Im Schloss, in Nachbardörfern und auf ihren Booten finden die Dörfler Unterschlupf. Die Reste sind noch heiß, und schon sehe ich die Menschen dabei, die Verwüstung zu ordnen und das Ver-

brannte abzutragen. Kein Mensch ist zu Schaden gekommen; aber die Not ist groß.
Wie ich höre, leert eine Magd heiße Asche auf den Mist und deckt sie nicht ab. So lässt der leichte Wind die Funken glimmen und trägt sie auf das Dach. Welch unglückliches Mädchen! Wie gerne liegt es mit seinem Versprochenen unter meinen Bäumen und denkt nichts Böses dabei! Er kommt nicht mehr, sie wartet vergeblich. Nur sein Tonfall hält sich im Gebüsch, auch ihr Hund nimmt ihn wahr. Doch selbst ich verstehe nur den Klang, nicht mehr den Sinn seiner Worte. Ganz verstört ist die Kleine und hofft so sehr.

Die Kirche ist fertiggestellt, die meisten Häuser sind aufgebaut, schöner und größer, wenn möglich. Nur zwei Familien verlassen das Dorf, ich weiß nicht, wohin. Die Kirche wird geweiht. Die Schlossfamilie stiftet das Geld für einen Turm, dieser ist mit einer Wendeltreppe ausgestattet, ohne Leitern. Die kleine Glocke stammt aus Spenden der umliegenden Dörfer, die alle zum Kirchspiel gehören.
Der Propst erscheint und wird mit viel Ehrerbietung von den Männern empfangen. In der kühlen, schattigen Kirche, so stelle ich es mir vor, hält er den ersten Gottesdienst bei Kerzenlicht. Dieser Propst besucht nicht meine Bäume, die meinen Turm umstehen, doch Telse guckt vorbei, eine Tochter des Pastors, die sich bei mir mit ihrem Liebsten trifft. Ihm erzählt sie, wie voll die Kirche sei, wie der Propst die Gemeinde vor dem Unglauben warne, denn sonst, so meine er, könne es nicht zu so einem verheerenden Brand kommen. Auch beschreibt Telse genau, wie ihr Vater alle Vorkommnisse des Dorfes in einem leeren neuen Buch aufzeichne. Ein mit dem Federmesser angeschnittener Gänsekiel wird in Tinte, die er selbst aus Eichengallen und Eisenvitriol mische, getaucht, und damit notiert der Pastor Todesfälle, Geburten und Hochzeiten sowie die Abrechnungen von Schule und Kirchengemeinde. Jedes Mal, bevor er in das

Buch eintrage, sagt Telse, mache er einen Probestrich auf einem Schnitz Papier, das zu diesem Zweck immer auf seinem Tisch bereitzuliegen habe.

Auf die Seitenkapelle, die Familiengruft, verzichtet die Adelsfamilie und lässt stattdessen in Schlossnähe einen eigenen Begräbnisplatz errichten. Weißer Weidenflaum wie Schnee, eines der Fräuleins verliebt sich während eines Stadtaufenthalts nicht standesgemäß und unselig. Das Fräulein kehrt aufs Schloss zurück, sehr still, und liegt mit Sonnenaufgang tot in ihrem Bett. Der Leichnam wird ohne Zeremonie auf dem neuen Familienfriedhof beigesetzt, dem Platz am Rande eines Wäldchens auf einer Anhöhe zwischen Wiesen.

Drei hohe rote Buchen umstehen meinen Turm, zwei stehen dem Lande zu, die dritte dem Wasser. Die Anwesenheit der Bäume tut den Menschen gut, sie bringen sie zum Reden. Ich lausche den Gesprächen. So heißt es, dass auf den Weiden rund ums Schloss, das ich von hier aus sehe, mehr Jungvieh sterbe als anderswo. Und Leute tauchten auf mit hellen, wässrigen Augen und engen Pupillen. Die fragten mit monotonen Stimmen und starrer Mimik nach Bekanntem, erinnerten jedoch nichts, so wie der Jäger vergisst, dass er den Bock schießen will, der hinter ihm unbeweglich im Feld steht.
Fritz findet ein eben entwöhntes einäugiges Steinmarderkind, pflegt und zähmt es und ruft es Hulda. Wieder stirbt ein Kalb, und Fritz begegnet seiner Tante, die ihn nicht erkennt und langsam in Richtung Begräbniswäldchen verschwindet. Mit Hulda auf der Schulter läuft Fritz zur adligen Ruhestätte. Beide Tore stehen offen, Gras wächst hoch, am Baum im Zentrum wächst Hallimasch brusthoch und schuppig. Niemand hält sich hier auf. Fritz tanzt sacht an jedes Grab und zeigt den Marder: „Das ist

Hulda! Sie ist Hulda! Wenn du tot bist und begraben, bleib in deinem Grab!“

Er schließt die morschen Tore, umrundet den Platz einmal so herum, einmal anders, unter Aufbietung der freundlichsten Gedanken, der er fähig ist, eine feine Spur weißen Sandes ausstreuend.

Und so fühlen die Menschen einen großen Frieden, wenn sie das Wäldchen und die Weiden durchqueren, und glauben, dass die, die Hechtaugen essen, nicht unter dem Grauen leiden, und Hulda wird von Fritz geliebt und lebt halbwild und heimlich.

Fritz gehört zu den Jungen, die manche Nacht in meiner Nähe verbringen, wo sie auf gute Träume hoffen. Sind sie allein, fürchten sie Dämonen und Böses und leiden sehr. Eine Alte aus dem Dorf behauptet, dass die Menschen unvollständig seien und deshalb das Göttliche erfunden hätten. Manche ihrer Götterboten besäßen Flügel, die schnellen, sehr aufmerksamen Falkenflügel und die langsameren Schwingen wie Adler, ausdauernd und mächtig.

„Pinkepanke, Smitt is kranke, wo schall he wohn, baben or unnen?“

„Unser Onkel kommt! Er hat geschrieben! Onkel Hermann aus Amerika!“

Ganz aufgeregt sind die Kinder, als sie beim Spielen die Nachricht den anderen mitteilen. „Oma weint vor Freude, und Geld und Geschenke bringt er mit, schreibt er!“

Alle warten auf Hermann. „Onkel Hermann kommt“, heißt es.

„Wir haben alles für seinen Besuch vorbereitet.“

„Nein, wir können nicht mitspielen! Ihr wisst doch, unserer Onkel!“

„Ja, wir sind an der Bahnstation gewesen; aber unser Onkel ist nicht ausgestiegen.“

„Unsere Eltern haben die Gendarmerie verständigt, dass die nach Onkel Hermann sucht.“

„Onkel Hermann ist mit dem Schiff im Hafen angekommen und er hat große Taschen dabei gehabt. Dann hat er eine Fahrkarte gekauft. Der Schaffner erinnert sich; aber nicht daran, wo Onkel Hermann ausgestiegen ist."

„An den Schienen und in der Umgebung ist nichts gefunden worden. Oma ist ganz krank vor Kummer."

„Wir haben für Onkel Hermann einen Brief aus Amerika erhalten, auf Englisch. Die Hauslehrerin im Schloss hat ihn übersetzt. Da wird gefragt, wo Onkel Hermann bleibt. Er hätte doch zurück sein wollen, in Amerika."

Swatt, witt, rot, Wiehnachsmann is dot. Wi wullt em begroben in usen Poppenwagen!

Nach angenehmer Ruhe erwache ich, weil mein Turm fürchterlich schwankt. Über den Rand der Galerie erblicke ich zwei wunderschöne Pferde. Einen Schimmel und einen Rappen, Saadi und Hafis erkenne ich sofort, scheuern sich ihr Fell an meines Turmes Rund. Auf der Durchreise befinden sie sich, kommen direkt aus Prag. Was haben wir uns nicht alles zu sagen, über die Menschen, was ihnen passiert und was sie alles mit sich geschehen lassen! „Allerdings", befindet Saadi, „wird trotz allem oder deshalb die Kunst sogar in dieser Provinz gepflegt, besonders Musik und Malerei."

Das stimmt, Musik höre ich sehr gern, nicht nur die Fugen und Kantaten. Mehr! Doch Bilder kenne ich kaum. Da stellt mir Saadi eins vors innere Gesicht, das von Georg Flegels Fischen. Wie kann ein Bild so winzig sein und doch so voller Größe? In meinem Turm ist nicht viel Platz; aber dieser kleine Flegel passt hinein, als wäre er dafür gemalt! Auch ich besitze einen Schatz, von dem ich gar nicht lassen kann.

Hafis und Saadi vollziehen ihr Sandritual, begleitet vom Chor der Gedanken.

Die Menschen bemerken Flegels Fehlen, als die Gemäldesammlung in Greifswald gehängt wird.

Müde bin ich und verwirrt, meine Energien lassen nach und ich kenne keinen Grund dafür, obwohl sehr viele Menschen meinen Ort besuchen. Ich fühle, wie sie ihre Hacken zackig in den Grund stoßen. Der Boden unter meinen Füßen bebt, bewegt und öffnet sich. Ich verachte schlechtes Reden. Die Bäume stehen noch, der Turm ist wie erstarrt, nur wenig nehm ich wahr. Es scheint, als werde mein Turm mit brauner Pappe verkleistert. Ich rieche Rost, erfahre kaum etwas.

Kinder sollen vor das Kriegsgericht gestellt werden. Trotz Verbote lassen sie im Herbstwind Drachen steigen, einer verfängt sich in der Oberleitung. Mit Steinen und Grassoden versuchen sie ihn frei zu werfen, es gelingt nicht, nur der Lehrer Fischer, Flugmeldehelfer, der während des Unterrichts durch die Reihen geht und, wenn jemand die Antwort nicht weiß oder das Herr-Lehrer vergisst, die Haut desjenigen auf der Innenseite des Oberarms mit Daumen und Zeigefinger packt und eine halbe Drehung vollführt, dieser Lehrer erwischt sie und klagt sie der Sabotage am Vaterland an.
Die besitzerlosen Bäume der Streuobstwiesen, voll behängt, vermitteln ein Ich-könnte-wenn-ich-wollte.

„Das kannst du nicht machen, Edith!“
„Du würdest dich nicht trauen!“
Mehrere Mädchen sitzen zu meinen Füßen, und Edith wird von den anderen getadelt. Sie jedoch beruft sich auf den neuen Lehrer, der im Unterricht verbreitet, dass Gerechtigkeit für alle die Grundlage der Gesellschaft sei.
Bei der Kartoffel- und Rübenernte verdienen Erwachsene fünfzig Pfennige und Jugendliche fünfundzwanzig, obwohl von ihnen die gleiche Arbeit

wie von den Großen erwartet wird. Also zieht Edith wohl alle Rüben ihrer Reihen heraus, sticht aber nicht auch die Blätter ab. Als der Gutsverwalter sie beim Essen darauf anspricht, meint sie: „Halbe Arbeit für halben Lohn!“, worauf die Erwachsenen nichts zu sagen wissen. Die Stimmung ist gedrückt, es wird getuschelt.
Die Mädchen reden auf Edith ein, sie möge doch an ihre Eltern denken und sie handle sich nur Ärger ein. Edith bleibt sich treu, sie verlässt den Ort und erreicht woanders bessere Arbeitsbedingungen.

Der Gutsverwalter, so höre ich, schickt vorm Festgottesdienst einen jungen Bauern in der überfüllten Kirche wütend schimpfend von der Empore, auf der sonst niemand sitzt, da diese Plätze der Herrschaft vom Schloss vorbehalten seien.

Ein Fest, mein Platz gehört zu einem Gartenlokal, die Eichen blühen. Frauen und Männer sitzen an Tischen, genießen die Wärme des Abends. Eine hübsche Ernsttraurige im schlichten grauen Kleid spricht angeregt mit einem, der manchmal nickt, ein wenig lächelt und Wasser aus dem Weinglas nippt: „Wenn meine Eltern noch lebten, würde ich ihnen dafür danken, wie sie mich erzogen haben, für die friedliche Gesinnung, die guten Manieren, das Kultur- und Traditionsbewusstsein, für ihr Vorbild.“
Das Gespräch wird weiter über den geführt, dessen Schwestern ihm die Wohnung einrichten, seine Bilder aussuchen und aufhängen und die sich um die alten Eltern kümmern, und auch über die, die viel spricht, um sich selbst überhaupt wahrzunehmen.
Ein anderer mit hochgeschorenem dunklen Haar und kleinem Mund presst beim Dessert die dünnen Lippen auf den Löffel. Unter den Bäumen spielt die Musik, und im Tanze begegnen sich zwei Hellsichtige, die nichts von einander wissen, beide mit leichtem Gang, die Sohlen nach hinten werfend. Hans, der Briefträger, sucht eine Braut, und die Frau ver-

nachlässigt vor Menschenarbeit und Mutterschaft ihre Fähigkeiten und ihr Wissen. Wie sie tanzen und tanzen, auf Spitzen sich drehen! Sie gehen auseinander. Hans sieht die Menschen eigentlich, rät vielen, nur nicht sich selbst. Hans stirbt. Die Frau missachtet ihr Talent weiterhin.
Ein Halo erscheint mitten über uns und um den Mond, und die schräggestellten Körper äsender Rehe erscheinen wie Pumpenschwengel auf Erdölfeldern.

Die Menschen der Städte sind unzufrieden, sie flüchten vor dem Zuviel und dem Lärm auf endlos überfüllten Pfaden und tragen die Bilder und Lautstärken in kleinen Kästchen mit sich herum. Da schwingt ein Bebrillter mit dem Gesicht eines Murmeltiers den Taktstock, ein Kleiner, nassgeschwitzt, hipphipphurra! Er hält seine kurzsichtige Ansprache, und sogar der deutsche Michel grüßt. Hoop-hooop! For he is a jolly good fellow, for he is ...; doch ich sehe nicht, wie gerätscht und gezündelt wird. Alle noise-makers unter Schirmen! Eine Musik, eine Bewegung, viele Nationalitäten! Wie ihre unterschiedlichen Sprachen ihr Sprechen beeinflussen, ihre Artikulation, den Mund, besonders die Stellung des Unterkiefers, die gesamte Gesichtsphysiognomie!

Wassermusik lässt mich zwar mehr an das Tropfen schmelzenden Wassers denken oder daran, an gefüllten Gläsern mit einem feuchten Finger den Rand zu quietschen, doch finde ich auch diese interessant. Das Fähnchen schwenkende Publikum wie Stöckchenwerfende! Die Solistin im Union Jack. Ich müsste mein Turmfähnchen erneuern, hätte ich eines! Eine dicke Sängerin mit göttlicher Stimme. Rule, Britannia, Britannia rule the waves. Der Klarinettist mit hervorquellenden Augen legt die Finger wie Schlangen auf die Mehrfachklappen seines Instruments.
Unter den Marx-Brothers und Monty Python kann ich mir etwas vorstellen.

Eine Freundliche mit einem Engelsgesicht lebt mit ihren Tieren in direkter Nachbarschaft. Polizei und jemand vom Tierschutzverein überprüfen ihre Tierhaltung, denn sie ließe ihren Rüden, der einem Kätzchen die Mutter ersetzt, trotz Minustemperaturen draußen baden. Außerdem laufe er unangeleint, grabe Löcher in den Dünen und bedrohe und beiße Vorübergehende. Letzteres bestätigt niemand, doch scheint es jemand auf die Frau abgesehen zu haben. Ihre Hühner belästigten Wanderer auf dem Weg am Gehöft entlang, behaupten welche und fordern die Zulassung für die Hühner oder eine Haltungslizenz. Die gute Frau gibt bereitwillig Auskunft und beendet das Gespräch ihrerseits durch lautes Lachen, was bei den örtlichen Behörden als persönliche Beleidigung angezeigt wird.

Eins von uns wohnt in einer Gondel, der Gondel einer Windkraftanlage. Die steht in der Nähe der Autobahn. Nur an diesem Abschnitt, weiß ich, verschwinden Fahrzeuge. Zack, sind sie weg! Einfach so, ohne dass ein System dahinter erkennbar wäre, zum Beispiel eine Bevorzugung bestimmter Wagentypen, der Insassenanzahl oder des Geschlechts der Fahrenden.

„Zieh nicht so! Was ist denn los? Und hör auf zu Knurren!"
Eine Katze schnürt den Gartenweg entlang, bleibt zum Bürgersteig geduckt stehen.

„Wirst du wohl! Schschtt, leise!"
Langsam setzt sie Pfote um Pfote, quert sichernd den Bürgersteig und streckt sich Bein um Bein am Rande der Fahrbahn.

„Aus! Still!"
Sie testet den Asphalt, hier, da, dort, einige Schritte weiter und stolziert mit erhobenem Schwanz auf die Dorfstraße.

„Sitz!..... Sitz!....... Dann eben ablegen! Los! Down!"

Etwa in der Mitte rollt sie sich auf den Rücken, hin und her wälzt sie sich, spielt mit den Pfötchen, weiße Stiefel, in der Luft, schlängelt, schlägt nach der schwarzen Spitze des Schwanzes.

„Bleib! Zurück und bleib!"

Wohlig reckt sie sich der Länge nach, und blitzartig steht sie wieder. Ein Schritt. Vorsichtig, in alle Richtungen blickend, setzt sie sich auf die Straße, putzt sich, die linke Vorderpfote, die rechte und in selbstvergessener Verrenkung den dunklen Flecken des Brustlatzes.

„So, komm endlich!"

Ein Pfötchen wischt ein paar Male durchs Gesicht, über die Nase. Die Pfoten lecken, rekeln, aufstehen und schütteln.

„Bei Fuß! Aber ordentlich!"

Gelassen schreitet die Katze zurück, zum Gartenweg, und mit einem Satz verschwindet sie zwischen den Johannisbeersträuchern.

Unter Sprossergesängen werden die kleinen Fische, die in der Strömung wie die Gräber sonnenwärts ausgerichtet sind, beobachtet. Kleine Gruppen von Jungen und Mädchen suchen das Nachdenken bei mir, Firmlinge, Konfirmanden, die Wichtiges besprechen, die ernsthaft ins Gespräch über das Leben und sich vertieft sind. Fast schmerzt es, sie zu hören, sie ins Leben zu lassen.

Schnecken gleiten durch seichtes Wassers, ihrer Tränke, und im Bogen heraus.

Ein Pärchen lagert bei mir und erzählt sich seine Träume.

„Du und ich, wir befinden uns auf irgendwelchen Spitzen, metallischen Gerüsten, hoch oben exponiert. Wir fürchten uns. Eine Menschenmenge sieht uns von unten zu. Die Gerüste stehen nebeneinander, und ich sage dir, wie du dich festklammern musst und die Arme und Beine im Gitter-

werk verhakst, damit wir, du auf deiner und ich auf meiner Seite, den Boden erreichen. Ich wache auf, als wir noch recht weit oben sind."
„Ich habe geträumt, es hätte sich jemand am Seeadlerhorst zu schaffen gemacht. Meine Brüder und ich kommen drauf zu, überwältigen ihn und nehmen ihm den Jungvogel ab. Dann entkleiden wir ihn, binden ihn und ziehen ihn an den Füßen bis in Horsthöhe hinauf. Wir befestigen das Seil und gehen nach Hause."

Wasserfledermäuse schießen über den See hinweg, verschwinden im Hell der spiegelnden Wolken.

„Ein Damhirsch ist auf der Bundesstraße angefahren worden, ich werde das Bild nicht los. Er liegt auf der Straße, kein Wagen kann vorbei, und wenn sich ein Mensch ihm nähert, schlägt er mit den Vorderhufen den Asphalt und versucht sich aufzurichten. Alles wartet auf die Polizei und den Förster. Keiner zieht ihn von der Straße. Niemand greift einen Stein vom Acker oder zieht ein Messer und erlöst ihn."

Viele Tote der Menschen gelangen in die Kühlräume von Krematorien, wo sie auf ihre Verbrennung warten müssen.

Wie die Wolken so seltsam steigen und ziehen. Wolken wie der Schulp eines Tintenfisches, wie Quallen, Tentakeln. Seepferdchen, Welse. Aus der Fischhaut drücken langsam Fontänen heraus mit kleinen weißen Spritzern dazwischen. Manche Wolken tragen glatte Ränder, andere feinste Verästelungen, Schraffuren hintereinander und überlappend.
Ich steh mit dem Wind, die Bäume krallen den Himmel fest. Graugelbe Wolken werden eiligst vom Sturm keilförmig in die Lücke zwischen Wald und Feld am Horizont getrieben. Dahinter beginnt das Wasser. Nebel beginnt zu wabern, stetig nimmt er zu. Ich erkenne gerade noch einen Mann mit einer Sense über der linken Schulter. Seinen linken Nasenflü-

gel ziert eine Narbe, und er tanzt mit einer Frau, schön wie eine Somalia-Katze. Wer den Tango tanzt, hat die Perspektive, wird gesagt. Mann und Frau lösen sich im Nebel auf, ich sehe nur noch Baumwipfel und das Kirchturmdach. Die Glocke schlägt und tönt, die älteste Glocke überhaupt, wird lauter. Der Glockenschlag wölbt die Seiten des Kirchturmdaches, drückt sie nach außen, als wolle die Turmspitze bersten und springen. Mein Turm, der stellt sich auf die Spitze und macht sich lang und länger. Ich weiß nicht, was kommt, vernehme nur Laute von Fledermäusen. Sie sonaren, stellen alles auf den Kopf. Essen, lieben, ausscheiden. Erdwärts. Und fliegen!

Weltgedacht

Wenn es wahr ist
dass
        jede Handlung
        jedes Wort
        jeder Gedanke
eine Spur hinterlässt
        im Körper
        auf der Erde
        in der Atmosphäre
muss sich dieser Bereich aus Raum und Zeit
        unaufhörlich vergrößern
also muss sich das Universum
        permanent und multidimensional ausbreiten
        mit weiteren
                Explosionen
                Schwarzen Löchern
                und immer neuen Fragen

Abgesang

Stumpf und ungefährlich ragt der Grat wie eine gigantische fossile Wirbelsäule hinter mir auf, seine Schieferschppen rutschen an sich selbst herab, ich hab's geschafft!
Die Fahrt über den Pass dauerte gut zwei Stunden, eine ruhige Nacht. Ein kleines Kind drückte, auf dem Rücksitz schlafend, seinen Bären an sich. Mehrmals kreuzten leuchtende Augenpaare die Fahrbahn. Dann der Übergang. Eine wortlose, heftige Umarmung und Warten auf die Dämmerung.

Der tiefgelegene Wald wirkt von hier wie ein samtener Überzug. Die rechtwinklig hineingeschlagenen Schneisen lassen auf Holzwirtschaft und Tourismus schließen.
Die Berge sind *schroffer*, und auf dieser Alm kann das spärliche Gras keine Rinder sättigen. Dort ein Produkt der Frostsprengung: Der zweigeteilte Stein liegt wie eine Vulva in der Heide. Hummeln und Spinnen tummeln sich in den wenigen Lippenblütlern.

> Lege die Steine an ihren Platz
> und richte das Gras wieder auf!
> Folge den andern zum Wasserfall!

Der Blick auf die tosenden Wasser in den Gumpen der rötlichen Augengneise erwärmt mich. Am verhangenen Himmel zeigt sich die Sonne als ein hellgelbes Segment. Irgendwann wird sie zur Scheibe, auf die zu schauen nicht lohnt.
Leute reden, gehen umher und zeigen sich Einzelheiten dieses Naturschauspiels.
Zusammen mit ihnen besteige ich den Bus nach B. Neben mir sitzt ein wohlgenährtes Kind und liest. *Es sind schon viele Kinder gestorben,*

Säuglinge, ältere. Ich habe ihre Leichen gesehen. Der Omnibus rollt auf der glatten Straße *ohne Staub aufzuwirbeln.*

Vom Fenster aus beobachte ich in der Stadt vor einer roten Ampel, wie ein vielleicht Sechzehnjähriger – mit dem Arm an einen Polizisten gekettet – von zwei Uniformierten über die Straße geführt wird. Sie halten vor einer Tür, einer öffnet, die drei sind verschwunden.

Der Bahnhofsvorplatz von B. liegt sauber vor mir. Eine Gruppe Frauen in Geschäftskleidung diskutiert lebhaft, ein Weißhaariger im gut sitzenden Anzug stellt sich dazu. Er lacht überlaut auf. *Gab er ein Zeichen?*
„Haste etwas Geld?", verschämt gefragt. Geld? Wofür? Wer ist das? Hastig suche ich in mehreren Taschen, bis ich die hiesige Währung finde. Gebe dem bettelnden Jungen ein paar Münzen. *Worte wurden nur geraunt. Als wir den Friedenszug organisierten. Baris, Frieden. Schon am Morgen des Umzugs prügelten Polizei und Soldaten jegliche Ansammlung von Menschen zusammen. Mehr als tausend wurden festgenommen.*

> Zahle am Schalter zweihundert Euro
> und fahre über Ch. nach D.!

Auf einem reservierten Platz, Ruhezone im Großraumwagen, hat jemand ein Flugblatt vergessen: „Das 21. Jahrhundert menschlich gestalten!"
Der Zug fährt mit mir ab.

Von einer Warteweiche aus fällt mir ein Gebäude in Ch. auf, ein großes mehrstöckiges mit dem abstrakten Modell des Sonnensystems über dem Granitportal, das Institut für angewandte Astronomie. Ich weiß, dass internationale Teams daran arbeiten, dem möglichen Zusammenprallen der Erde mit Asteroiden, was in Computersimulationen herrlich anzusehen ist, zuvorzukommen.

An die Ratten und Schmeißfliegen erinnern sich nur noch wenige. Und was vor diesen Reden war, ist weitgehend aus dem Gedächtnis getilgt. Angeklagt sind immer die anderen, die meisten Gewissen sind tot. *In unserem Land sind mehr Kinder, Frauen und Männer ermordet worden, als die Partei je Mitglieder gehabt hat.*

In D. werden die Akten verwahrt, die Betroffenen haben das Recht, sich zu erkundigen, was über sie zusammengetragen worden ist. Ich bitte um Akteneinsicht für mich, sie wird mir gewährt. In meiner Gegenwart schlagen zwei Juristinnen meine Mappe auf. Die versiegelten Umschläge entnehmen sie, ein paar Bögen bleiben, ich informiere mich. *Manche stürzten sich aus dem Fenster einer oberen Etage.*

Das Leben in dieser Kultur fällt mir schwer.
Abends wurde ich nach über vierstündigem Verhör aus dem völlig überfüllten Revier entlassen. Unter Drohungen der allmächtigen Zivilpolizei. Überall, selbst in den Suppenküchen der Ärmsten, spitzeln sie. Hier kann ich nicht bleiben.

Kopfsteinpflaster. Entlang dieser Allee blühender Kastanienbäume spannt eine weiße Wäscheleine, eine Leine voller Stofftiere, die jeweils an einem Ohr mit einer bunten Plastikklammer zum Trocknen aufgehängt sind. Im Näherkommen erkenne ich ihre Lieblingskuschelstellen, abgewetzte Rücken und kahle Bäuche, ein schief angenähtes Bein, einen baumelnden Eichhörnchenschwanz. Einige Augen und die Schnurrbarthaare fehlen ganz.
Im flachlangen Land schiebt eine Kuh eine andere über die Weide. Weitere sind nur als graubraune Rücken auszumachen, wie sie da am Graben stehen. Ich warte auf den Fährmann. Er hat Arbeit.

Hinter E. stolpere ich über ein Fleckchen Sonne auf dem Boden. Die schwarze Fahne flattert über dem Betonwerk Artur Schmelck. Die Ortschaften liegen immer sieben Kilometer auseinander. Wo bin ich hier eigentlich?
Vorhin stand ein Kranichpaar an gelbgeränderten, austrocknenden Pfützen. Es hat auf jeden Fall dort gestanden, halb verdeckt von einem kompakt Breitschädligen mit ebenem Hinterkopf. Er wies mir die Tür. *Daran, wie sie mit ihren Straßenschuhen in den Häusern die Teppiche betreten, können wir sie erkennen.* Manche der neuen Freunde verhalten sich wie sorgende Eltern und geben ungefragt und zuviel Rat. Soll ich sie auf ihr Gerede hinweisen? Das Klicken einer Maus setzt die Serie in Gang, die die Kinder beschäftigt. Es geht um Liebe oder so etwas. Jedenfalls dürfen sie nicht gestört werden.

Gehe zurück nach D.! Wenn dein Verfahren abgewiesen wird und du über F. kommst, grüße keine Freunde mehr!

Von der Autobahn bleiben die Lichter in Erinnerung. Ist ein Fahrzeug vorbeigefahren, steht die Säule des abgeblendeten Fernlichts für kurze Zeit als schwärzestes Dunkel in der Nacht.

Ich erreiche F., eine mittelgroße Stadt, in der die Synagoge Jahrzehnte lang als Fischräucherei diente. *Die demokratischen und gewerkschaftlichen Büros wurden bewacht, die einzige Anlaufstelle für Journalisten war geschlossen. Dennoch wurde der Friedenszug geplant. In der Nähe des Versammlungsortes der Kundgebung führten Beamte auch Menschen aus dem Ausland ab. Diese wurden sofort ausgewiesen.* Die Kontaktaufnahme ist schwierig. Eine Flüchtlingsunterkunft hat gebrannt. Selbst die Kirchen sind nicht mehr sicher.

Ein riesiges neues Einkaufszentrum erscheint günstig. Als ich in der Nähe der Statue, Mann in Ritterrüstung mit Schwert, telefonieren will, bemerke ich erstmals einen Zivilfahnder, der mir folgt.

Do not walk outside this area!

Der Schlag in die Nieren war gut gezielt und auf dieser Seite des Ganges zum Parkdeck leicht zu übersehen!
Als ich wieder atmen kann, bin ich schon durchsucht und mit Handschellen gefesselt.

Raus!
Auf den Platz!
Hinknien!
In den Taubendreck hinter das Polizeiauto.
Mein Gesicht auf der Höhe des Auspuffs.
Gaffende mit Handys in ihren Händen.
Die Personalien werden aufgenommen.

Einer war mit seiner Familie nach der Ankunft auf dem Flughafen sofort inhaftiert worden. Seine Frau wurde mit den Kindern, zwischen sieben und fünfzehn Jahre alt, nach zwei Tagen wieder freigelassen, er selbst zu dreieinhalb Jahren Gefängnis verurteilt, wahrscheinlich gefoltert.

Meinen persönlichen Dokumenten kann ich nicht viel entnehmen. *Einer musste dem Präsidenten seines Landes aus seiner Asylakte vorlesen. Ein Urteil stützte sich auf Unterlagen, die gegen den Willen der Festgenommenen während der Abschiebeaktion aus ihrer Wohnung mitgenommen und weitergegeben worden waren.*

Ein jeder zieh' in seine Stadt,
auf dass er sich erfassen lass!

Glück gehabt

Mein Haus ist eine Wüstenei
voll Sand und voller Steine.
Viel Mensch und Tier kommt hier vorbei,
auch bin ich gern alleine.
Porphyr und Gneise auf dem Schrank,
dort auf der kalten Ofenbank
das Stückchen Serpentin
verweisen auf das Fremde hin.

Der Grund, ihn deckt der feine Sand
von einem nahen Strand,
ist frisch geharkt. Von jedem Fuß
der Abdruck bleibt als Gruß.
Das wenig welke Laub muss reichen
für helle Feuerzeichen.
Die Fenster brauch ich alle nicht,
hab so schon gute Sicht

auf das, was kommt, was geht,
auf Träume.
Es hindern weder Pfort' noch Tür,
wünscht jemand mal Quartier.
Wir tauschen Neuigkeiten aus,
recht viel erfährt das Haus
wohl über Trauer, Pein und Leid,
viel Ungerechtigkeit.

Manch andrer hat für mich gedarbt,
ich habe bislang Glück gehabt.
Ein paar Tag bleiben meine Gäste,
wir reden, feiern Feste,
der Tisch ist Tisch und jedes schnitzt
die Initialen rein,
die Staub bedeckt, ganz fein.
Denn Wind weht durch die Räume.

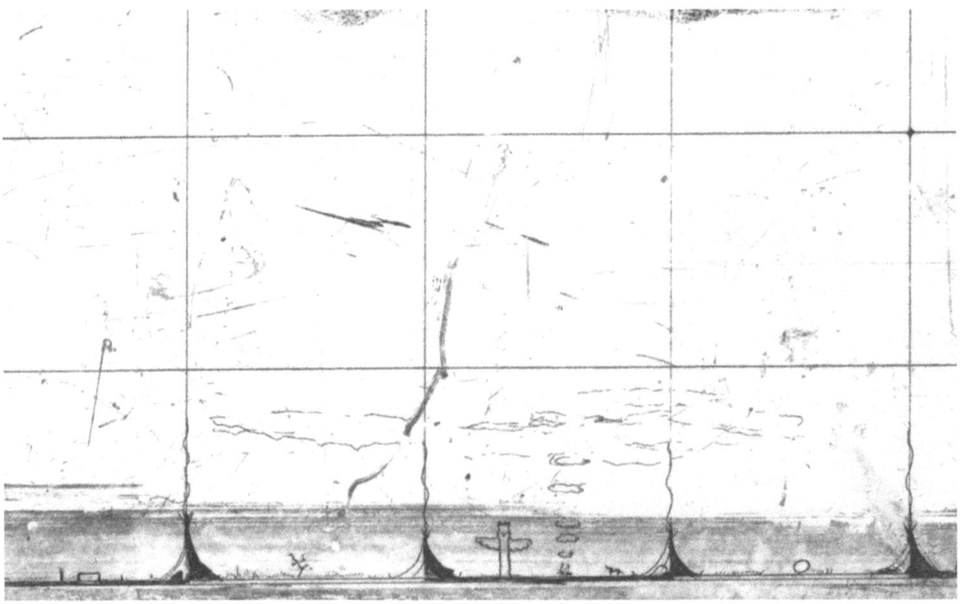

Weltensekunden

Unserem Nachbarn E. A., der sich an seinem hundertsten Geburtstag immer noch erleichtert darüber zeigt, im 2. Weltkrieg trotz Fliegerausbildung wegen Treibstoffmangels keinen sogenannten Feindeinsatz geflogen haben zu müssen.

Wenn Weltensekunden zu
Menschenjahrtausenden
werden, sind hundert
Jahre wie nichts,
sind alles.

Beobachtungen einer abgesicherten und gesund gebliebenen Rentnerin während Corona-Zeiten in ländlicher Blase

Es herrscht keinerlei Mangel an weltweiten Informationen
zu den privaten und öffentlichen Dramen und Tragödien.
Ich nehme sie
bestürzt
zur Kenntnis.

Das Beständige Hin und Her nüchterner Inzidenzzahlen
führt zu Betroffenheit und Furcht
bei mir
um mich.

Immerhin haben wir jetzt die Chance,
Menschenrechte kennenzulernen,
staatliches Kümmern
und Freiheitsrechte zu nutzen.

Für mich unvermutet
bietet die Tochter der Nachbarn
mir ihre Einkaufshilfe an.
Bin ich schon so alt.

Zuständigkeit:

Das Impfzentrum für die Menschen von Syggewarden
befindet sich im Höllwarder Westerbultsweg.

Anmeldeversuche für die 1. Impfung:

Die Masken bestimmen,
was mensch zu tun hat.
Sie
dulden keine Widersprüche,
sanktionieren konsequent und sofort,
zum Beispiel
mit dem plötzlichen Absturz
der schon eingegebenen Daten.

Nach der 1. Impfung:

Die Ärztin
entledigte sich ihrer Maske.
Sie strahlte ob ihres Erfolges,

und ich spürte dankbar
Kornblumenblüten aus mir herauswachsen,
prickelnd spitz und blau.

Meine zweispitzige Fichte,
von Jelängerjelieber und Efeu zusammengehalten,
Marktplatz für Tauben, Häher und kobelnde Eichhörnchen,
trennt sich mit Hilfe einer Orkanböe
von ihrem hohen rechten Wipfel und lässt ihn
von Zweigen und Ästen des Wespenfreundes Pflaumenbaum
auffangen und halten.

Antennen gleich stellt er die Nadeln auf,
pfeilgerichtet auf die Stelle,
auf der im letzten Herbst ein Sperber
vor meinen Augen eine Kohlmeise schlug und mantelnd rupfte.
Daneben wippen erste Blättchen
des frisch gepflanzten Quittenbäumchens
erwartungsvolle Anspannung.

Der besondere Amslerich,
wochenlang von uns vermisst,
nur einmal vom Auto aus
in der Straße Am Sandberg gesehen,
nachdem er den Winter über
täglich sein Revier an unserem Futterhaus
gegen alle anderen aggressiv verteidigt hat,
nimmt diesen Gartenteil wieder in Beschlag,
tanzt zwischen den Corona-Statistiken,
pickt an den Zahlen,
lässt wieder hoffen.

Meine plötzlich empfundene Verletzlichkeit
gegen die Verletzungen der heranwachsenden Generation,
meine Isolation gegen ihren erzwungenen Verzicht
auf Miteinander, Bewegung, Leichtigkeit,
ihre Lebendigkeit für meine.

Schutzstatus:
Ein Nutzen
überwiegt die Risiken.
Vertrauen
ist gut.
Aber
mit dem Vertrauen
ist das so eine Sache.

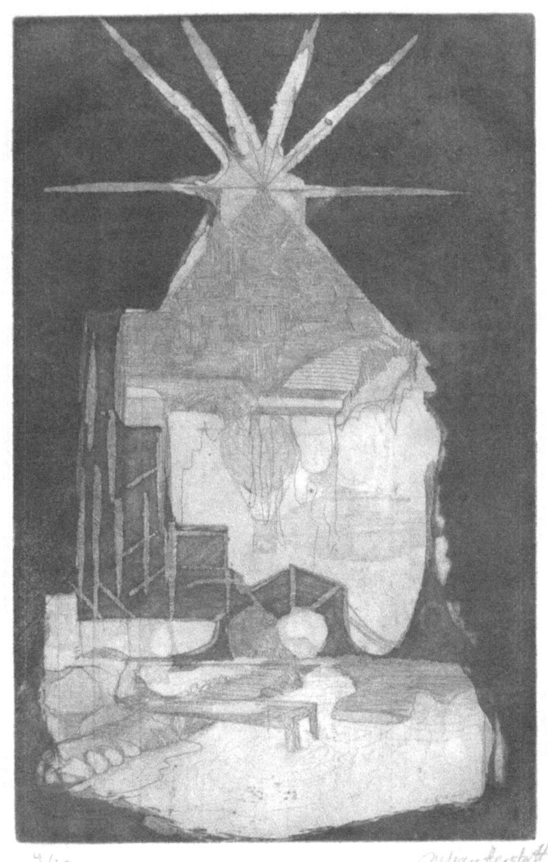

Manche wörterworte

manche essen wörter
manche wörter fressen
manche essen worte
manche worte fressen
manche fressen essen
manche fressen wörter

manche wörter zeugen worte
manche worte wörter
manch ein wort gebiert ein wort
manche wörter worte
manch ein wort gebiert den tod
manche wörter tode

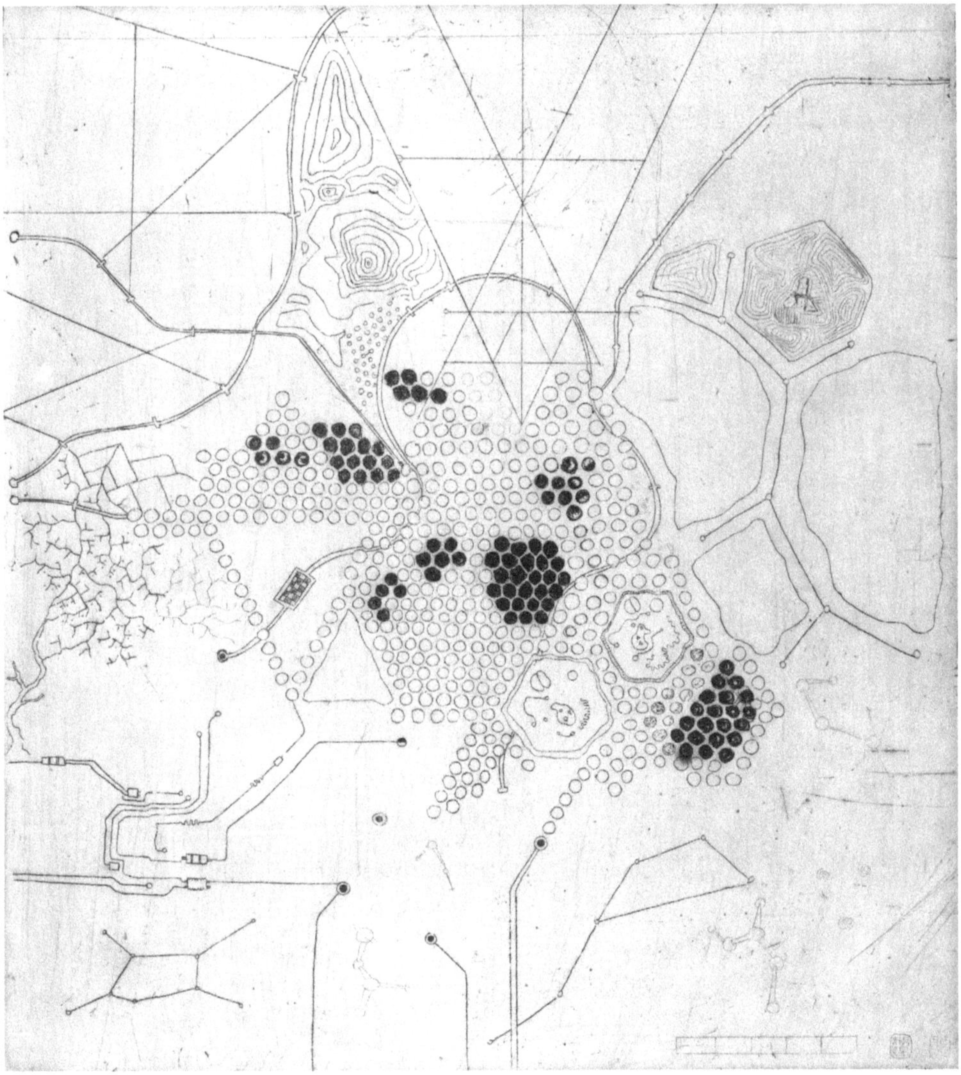

Unvollständige und nicht kommentierte Liste von Nomen für freiwillig oder unfreiwillig in der demokratischen Bundesrepublik Deutschland im Jahre 2023 um Aufenthalt fragende Menschen – eine Handreichung

Ablehnung

Abschiebehaft

Abschiebepraxis

Abschiebung

Abschottung

Abschreckung

Abwanderung

Abwehr

Alimentation

Ambivalenz

Anerkennungsquote

Angaben

Antisemitismus

Antrag

Anwerbestopp

Arbeit

Arbeitskräfte

Arbeitslosigkeit

Arbeitsmarkt

Arbeitszuwanderung

Artikel 16 des Grundgesetzes der BRD

Asylanerkennung

Asylbewerber

Asylfeindlichkeit

Asylgipfel

Asyllawine

Asylmissbrauch

Asylpolitik

Asylrecht

Asylstau

Asylverfahren

Asylant

Aufenthalt

Aufenthaltsrecht

Aufenthaltsstatus

Aufnahme

Aufnahmequote

Ausflüchte

Ausgleichszahlung

Ausgrenzung

Ausländerfeindlichkeit

Ausländerrecht

Ausnahmeverordnung

Außengrenze

Ausweisung

Belastbarkeit

Bereicherung
Bleibeperspektive
Bleiberecht
Blockade
Berücksichtigung
Berufung
Betreuungsakte
Bildung
Braindrain
Bundesamt
Bürger:in
Bürgerdialog

Chance

Chancen-Aufenthaltsrecht
Chancengleichheit

Demografie

Demokratie
Denunziation
Destabilisierung
Dialog
Drittstaatenregelung
Druck
Dublin III
Dulden
Duldung
Dynamik
Dysfunktionalität

Effizienz

Eingliederung
Einigung
Einwanderungsland
Emigrant:in
Emigration
Engagement
Entfaltung
Entlastung
Entscheidung
Entwicklung
Entwicklungszusammenarbeit
Erfassung
Erfolg
Erstaufnahmestaat
Erststelle
Etat
Ethik
Europa
Europäische Union, EU
Existenz
Existenzbedingungen

Fachkraft

Fachkräfte-Einwanderungsgesetz

Fähigkeit

Familie

Familiennachzug

Finanzen

Flucht

Fluchtanreiz

Flüchtling

Föderalismus

Forderung

Förderung

Fortschritt

Freiheit

Freiwilligkeit

Freude

Freundschaft

Frieden

Gastarbeiter

Geduldete

Gefahr

Gemeinsamkeit

Gemeinschaft

Gemeinschaftsunterkunft

Genfer Konvention

Gesellschaft

Gesetz

Gesundheit

Gestaltung

Gewährleistung

Gewährung

Gewalt

Gewaltenteilung

Gewerkschaft

Gewissen

Gewissheit

Gleichberechtigung

Grenze

Grenzorgan

Grenzschutzagentur

Grundgesetz

Grundgesetzänderung

Grundrechte

Grundrechtswahrung

Grundsatz

Grundsatzversorgung

Güterabwägung

Haltung

Handlungsfähigkeit

Härtefall

Heimat
Heimatstaat
Herkunft
Herkunftsland
Herzlichkeit
Hilfe
Hilfsbereitschaft
Hinhaltung
Hoffnung
Hoheitsgebiet
Hohes Flüchtlingskommissariat
Humanität

Individuum

Inklusion
Instanz
Integration
Intensität
Interesse
Internationalität
Islamphobie
Isolation

Job

Justiz

Kapazität

Katastrophe
Kenntnis
Kettenduldung
Kind
Kinderrechtskonvention
Kirchenasyl
Kommune
Kompetenz
Konflikt
Konformität
Konnotation
Konsens
Kontext
Kontingent
Kontrolle
Kosten
Krise
Kultur
Kunst
Kurs
Kurswechsel

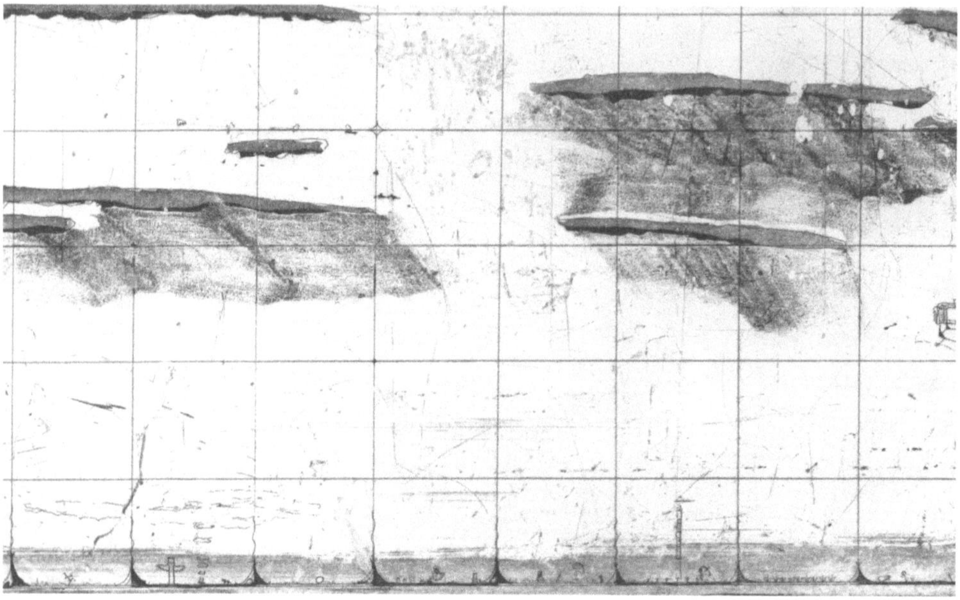

Landesunterkunft

Landesverwaltungsgericht
Leben
Lebensbedingungen
Lebensgefahr
Lebensunterhalt
Legalisierung
Legalität
Legitimität
Liebe
Lieferkettensorgfalts-
pflichtengesetz
Literatur

Malerei

Massenwanderung
Maßnahme
Mensch
Menschenhandel
Menschenrecht
Menschenrechtsverletzung
Menschenwürde
Migranten
Migrationsbewegungen
Migrationsmotive
Migrationspolitik
Mobilität
Mölln

Motivation
Musik
Mut

Nation

Nationalität
Netzwerk

Offenheit

Offensichtlichkeit
Öffentlichkeit
Organisation

Partner

Persönlichkeit
Perspektive
Potenzial
Präkariat
Prävention
Prinzip
Priorisierung
Privatperson
Privatsphäre
Programm
Prozess
Pushback-Maßnahme

Quote

Rassismus

Rat
Rechnung
Recht
Rechtsordnung
Rechtsstaat
Reform
Regelung
Regierung
Registrierung
Reintegration
Resettlement
Residenzpflicht
Rettung
Risiko
Rostock-Lichtenhagen
Rückkehr
Rückführungspatenschaft
Rücknahmevereinbarung

Sammelunterkunft

Scham
Scheinasylant
Schiffbrüchige
Schlaf
Schlepper

Schleuser
Schutz
Schutzbedürftigkeit
Selbstbestimmung
Selbsthilfe
Sicherheit
Sogwirkung
Solidarität
Solingen
Souveränität
Sozialkosten
Spende
Staat
Staatsangehörigkeit
Stabilisierung
Standard
Stärkung
Status
Stolz
Struktur
System

Tanz

Teilhabe
Theater
Toleranz
Transitstaat
Traum
Triple-Win-Situation
Tröglitz

Umdenken

Unabhängigkeit
Ungehorsam
Unmenschlichkeit
Unsicherheit
Unterbringung
Unterschied
Unterstützung
UN-Weltkonferenz

Vereinbarkeit

Verfahren
Verfassung
Verfolgung
Vermittlung
Verpflichtung
Versorgung
Vertrauen
Verwaltung
Vision
Visum
Völkerrecht
Volkszorn
Vordergründigkeit
Vorschrift

Wachstum

Wandel

Weisheit

Weisung

Weiterbildungsgesetz

Weltanschauung

Weltoffenheit

Wertefreiheit

Wertegemeinschaft

Werteneutralität

Wille

Willkommenskultur

Wirtschaft

Wirtschaftsflüchtling

Wissen

Wohlfahrt

Wünsche

Würde

Wut

Zahlen

Ziel

Zivilcourage

Zivilgesellschaft

Zuflucht

Zugang

Zugeständnis

Zusammenbruch

Zusammenhang

Zuständigkeit

Zuwanderung

Zuwanderungsbedarf

Zuwanderungsmöglichkeit

Zweck

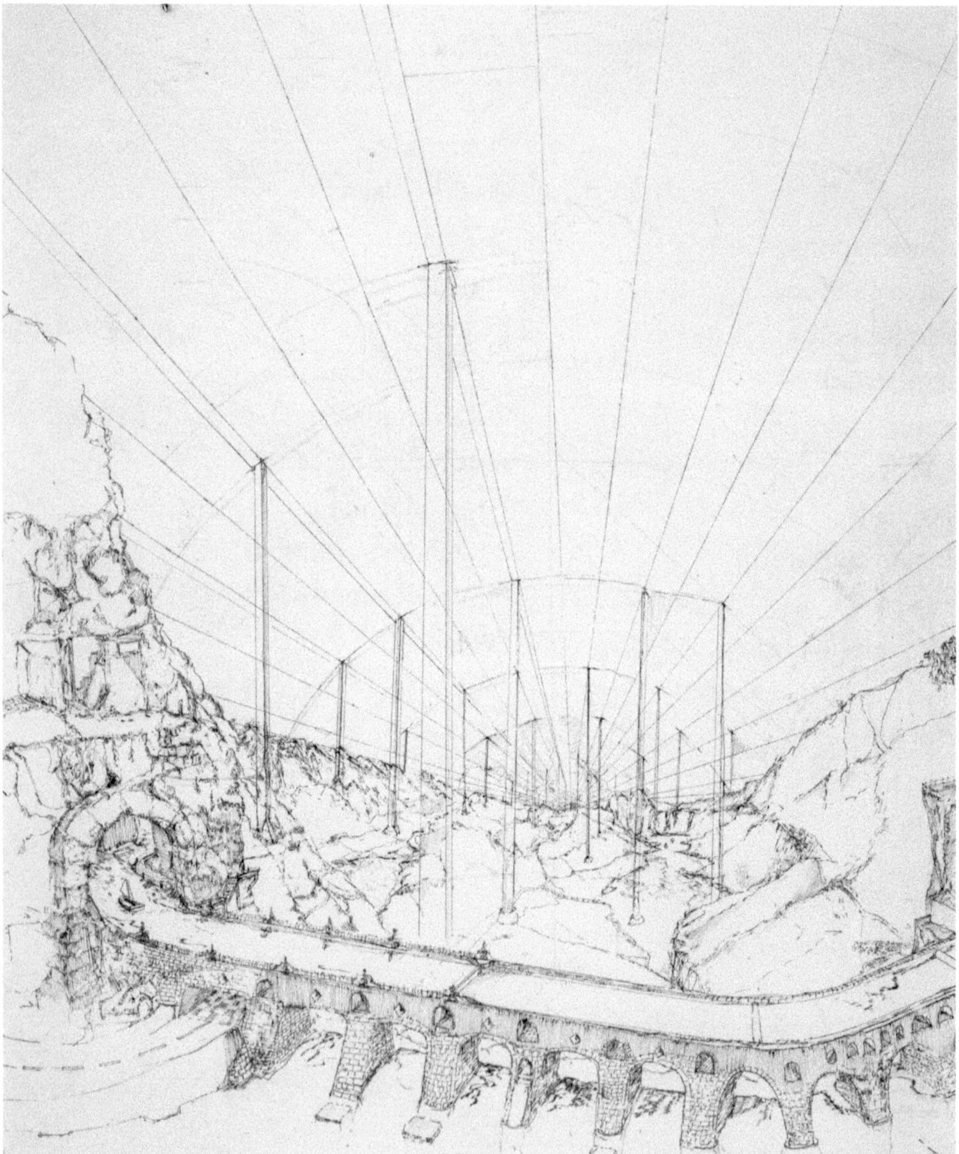

So lange gewartet – Gewidmet all denen, die schon einmal lange auf grundsätzlich Wichtiges gewartet haben

Nichts obwohl
nichts so lange trotzdem
nichts und darauf so lange gewartet
trotzdem nichts gekriegt körbe gekriegt
obwohl: gezielter anstoß der ball der rollt
stößt vor ins loch aufgefangen im korb
obwohl: gezielter anstoß die kugel rollt
stößt vor ins loch die kugeln
sichtbar auf dem samt sichtbar anstoß
obwohl: die kugel rollt stößt vor gegen
freisetzung verstärkter ernergien und nichts
die kugeln sichtbar spürbar superenergie auf samt
auf supersamt vision supervision anstoß
obwohl: die kugel rollt ins loch ins nichts ins vakuum und
nichts ist mehr als vakuum trotzdem
warten trotzdem im raum gezielte wartebahn
trotz energiemahlstrom ins nichts
rollt blitz und schlag und umgelegt kopfball
kopfschuss ins loch ins nichts
obwohl: darauf so lange gewartet und
nichts und darauf so lange gewartet rollt der kopf
die köpfe müssen rollen
ins nichtserwarten
im köpfekörbeauffangkorb

Danke

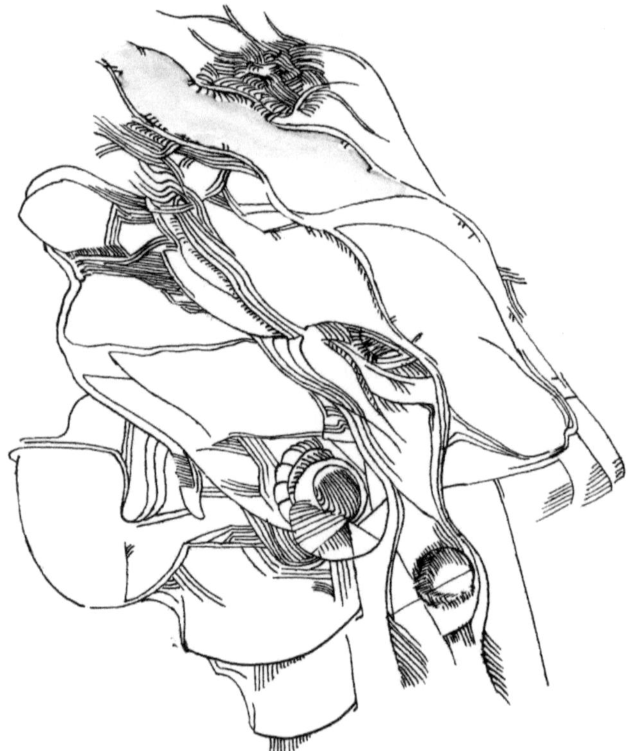

Im hospital

Wartezeit
abgeschiedene zeit
vermessene zeit
verschobene zeit
abgeschriebene zeit

alle zeit
allzeit bereit
allzeit bereitstehende zeit

verletzungszeit
stellungszeit
umstellungszeit
geronnene zeit
gewartete zeit

Kleiner versuch am barren

Der barren hat zwei holme parallel wie gestuft
ein holm ist wie eine insel ein barren wie
zwei inseln die sich gegenüberstehen wie
zwei interessen die sich entgegenwirken

bis sie sich nicht mehr im gleichgewicht
bis sie sich nicht mehr
in etwa im gleichgewicht halten können

Wenn das gleichgewicht fehlerhaft wird
dann gibt es punkteabzug
wegen des kontrollverlusts

Beziehungen

Wir legen uns
nebeneinander auf den Weg
und decken uns mit ihm zu.

Im Laufe der Zeit
wickeln wir uns gemeinsam
in ihn ein.

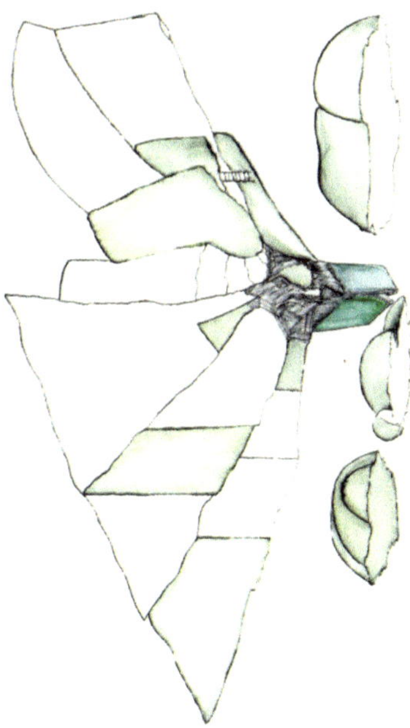

Margarethe

Hier, Marga, ein Ball für dich. Deine
Farben. Eine Frau aus Neuwarp hat
ihn für dich gemacht. Die weiß
noch, wie man Wolle filzt. Ob er ihr
gefällt? *Vielleicht magst du ihn? Du*
kannst damit deine Hand weiter
trainieren. Wirklich toll, dass du die
Hand wieder benutzen kannst!

Möchtest du etwas trinken, Marga?

Kannst du´s selbst? Vorsicht! Zu
heiß? Ich fühl die Temperatur einfach
nicht. Probieren wie für ein Baby
mag ich aber nicht. *Wart, Marga,*
ich kühl´s etwas ab. Das Bild da muss
neu sein. Ein Geschenk? Vielleicht
hat Gesine es mitgebracht. *Übrigens,*
die junge Frau Wilhelmy hat Zwillinge
bekommen. Ob sie sie erinnert?
Gestern Nacht. Bei Melzers hab ich
mit der alten Frau Wilhelmy gespro-
chen. Es ist alles gut gegangen.

Hab ich dir schon erzählt, dass ich
Frau Kondrat kennengelernt habe?
So um die Vierzig ist sie wohl. Eine
nette Frau. Und drüben bei
Schnaars wird das Reetdach neu ge-
deckt. Sprech ich zu laut?
Ganz interessant. Wo das Reet

Gut!

Tee aus einer Plastikschnabeltasse
schmeckt nicht!

Sie ist nicht meine Tochter.
Ich war unfruchtbar.

Obwohl, mit Hans –
Alle werden sterben.
Am Blei. Verstrahlt.
Verseucht.

Die sieht aus, als hätte sie
über Jahre zu viel geweint.

schon liegt und fertiggestoßen ist, das sieht richtig schön aus. Fast anmutig. Von ihrem Bett aus kann sie`s nicht sehen. *Es wurde Zeit, dass das Dach gemacht wurde. Herr Schnaars meinte schon im Winter auf Hermas Geburtstag, es regne rein.*

Erinnerst du dich an Röm, Marga? Zwanzig Jahre ist es bestimmt her. *Neulich sah ich im Fernsehen einen Bericht über die Insel. Und über die anderen und das Watt. Wale sind dort gestrandet. Grade dort, wo wir damals die Wanderung gemacht haben.*

Gesine war letzte Woche mal wieder in T. Sie meint, es sei so verändert gegenüber der Zeit, als sie dort lebte, das Marktpflaster saniert wie in vielen anderen Altstädten. Elly Huths Laden existiere auch nicht mehr. Es gebe nicht einmal einen Hinweis auf dieses alte Geschäft. Die Fassadenreklame hätten sie doch dran lassen können! Die Heckenhauersche Buchhandlung verkauft nur noch im Obergeschoss. Du, es klingelt, ich geh mal öffnen. Ein Päckchen von deinem Neffen. Da, zwei Bücher. Noch von Helene.

Einer ließ einen Baum durch sein Haus wachsen. Durchs Schlafzimmer. Was für ein Dach das Haus wohl hatte? Was mag ich lieber? Den Wald? Die Großstadt? Laut war es immer, Fuhrwerke, Hufgetrappel, Autos, Menschen.

Am kleinen Graben des Wasen, wenn das Wasser im Stiefelschaft schwappt, Frösche aufblasen. Merkdenken. Als Fliegenpilz noch der Inbegriff von Gift gewesen war. In einem Turm wohnen, in einem Haus am Charlottenplatz und aus dem Erkerfenster über die Straße gucken. An einer Fassade, Willibald-Alexis 36, sind zwei Stuckfiguren falsch zusammengesetzt. Frauenbrüste mit muskulösen Schultern und Hälsen und bärtigen Gesichtern.

Die ist jetzt auch schon vier Monate tot. *Ein Lyrikbändchen und ein Katalog, Ludovike Simanowiz.*
Helene und sie. Nie vergesse ich das Bild! Die beiden Alten in der Tür. sie halten sie gegen den Wind und freuen sich daran, wie Clemens im Schnee den Hang runterrutscht.
Es war ihnen zu kalt und zu glatt, mit nach draußen zu kommen.
Den langen Flur entlang gingen sie hintereinander, hochgeschlossen und dunkel gekleidet. Wie aus einer Fotografie Salgados.
Weint sie? Etwas?

Wir waren zusammen drin.

Er hat daran gedacht.

Heute ist wieder komisches Wetter. Absolut windig und kühl. Überhaupt kein Sommer. Dabei haben wir schon August! Merkst du das auch?
Aber du siehst ja selbst, wie der Wind die Bäume schüttelt. Herr Budelmann sagte erst, dass er alle seine Knochen spüre. Und Renate erzählte am Telefon, ihr Garten sei von Schnecken ganz kahlgefressen. Auch das Kräuterbeet mit dem Schnittlauch, den du immer für´s Omelette genommen hast, wenn du dort warst. Sogar orangene Nacktschnecken hätten sie dieses Jahr.
Sie wissen gar nicht, was sie noch

Wie viele Blätter mögen an diesem seitlichen Ast sein? Die Bäume am steilen Seeufer gleichen den Untergrund durch Wachsen zum Hang hin aus. Oben in der Allee recken die schmalhüftigen Buchen jeweils zwei schlanke Schenkel empor. Vor Zeiten wurden Menschen rechts und links der Straße eingeköpft, dass sie anwachsen und Schatten spenden sollten. Als Strafe. Vom Herzog.
Die Dörfer waren von der Außenwelt abgeschnitten. Mit dickwulstigen Narben wuchsen die Körper im Laufe der Zeit fest.

dagegen tun sollen. Nichts hilft!

Ich hätte gerne wieder Lavendelblüten gesammelt! Für Duftkissen. Das hab ich von dir gelernt. Weißt du's noch? Ich mach´s inzwischen jedes Jahr. Doch bei diesem Wetter! Und es regnet schon wieder!
Die Kinder tun mir leid. Sie würden so gern im See baden!
Ich werd sie nachher zum Hallenbad fahren. Hoffentlich ist die Schnellstraße nicht so voll. Das kurze Stückchen braucht oft so lange!
Sie war eine gute Autofahrerin. Ihr Problem war allerdings, über Brücken zu fahren, ohne oben anzuhalten. Oder vor durchgezogenen Linien, besonders auf Autobahnen, nicht zurückzuweichen und unter Stress zu geraten. Beim Einfädeln zum Beispiel. Dann drückte sie immer die linke Hand auf´s Brustbein.
Ihre Angewohnheit, wenn sie über Land fuhr und Stände mit Obst und Gemüse entdeckte! Es mussten die Kartoffeln von unterwegs sein! Es war schon gut mit ihr!

Als wir das erste Mal in den Neunzigern

Manche werden ausfallen wie faule Zähne.

An einer Kette ist ein Schwarzer hinter einem Kleinlaster zu Tode geschleift worden. Vom Ku-Klux-Klan. Das kam im Radio.

Bis zum Stängelansatz schlagen bei Wind die flachen Seerosenblätter im Gleichtakt halb hoch.

Einmal kam ich an einen Strand, wo die Badenden Plastik-Schlüsselanhänger wie in öffentlichen Badeanstalten am Handgelenk trugen.
In einem Bad gab ein Mosaik die sich gegenseitig an den Flossen verletzenden Goldfische lebensecht wieder.

zusammen reisten, zeigte sie mir, wie wir das Zugabteil für uns allein behalten konnten. Indem wir nämlich die Polster als Liegen herauszogen und ein paar Zeitungen und leere Flaschen auf dem Boden verteilten. Die Vorhänge wurden bis auf einen schmalen Schlitz geschlossen. Wir hatten unsere Ruhe, und als ich während der Nacht einmal aufwachte, spürte ich schwach den Geruch der weinroten Kunststoffbezüge. Wir befanden uns auf einem Abstellgleis und ich hörte leises Sirren irgendwelcher elektrischer Anlagen. Mal ein Rufen, Schritte, ein dumpfes Schlaggeräusch. Sie war schon stark! Und sie hatte es zu was gebracht, das muss mensch anerkennen! Sie, die Älteste von fünf Geschwistern. Früh ernährte sie die Familie. Der Vater in Kriegsgefangenschaft gestorben.
Und ich sollte mich rechtfertigen, dass ich Pass und Personalausweis für sie neu beantragte! Wozu sie denn noch beides brauchte, wollte die Angestellte wissen.
In den ersten Jahren erzählte sie noch viel aus der Zeit „im Krieg“. Dem Zweiten. *Du, Marga, ich denk grad an den Krieg. Der stellt sich mir wie ein alter Schwarz-Weiß-Film*

dar. Flackernd. Zu schnell abgespult.
Und die Menschen müssen wie in
alten Rundfunkaufnahmen sprechen.
Du, als Kind hab ich mir oft die Radio-
Skala angeguckt. Dann im Atlas
herausgesucht, wo welche Städte
lagen. Also, Paris, London,
Kopenhagen, die waren mir klar;
aber Sophia, Bukarest, Trient ...
Das war meine erste Europa-Karte.

Letztes Jahr um diese Zeit war´s warm.
Wir hörten das leise Knacken – erinnerst
du dich? – wenn die Schoten des
Ginsters aufsprangen. Als Phlox und
Indianernesseln blühten, Nelken.
Sie benutzte immer Nelkenseife.
Das war ihr Duft.
Hier riecht´s frisch gewaschen.
Nach Baby-Öl und Franzbranntwein.
Marga, soll ich dir aus der Zeitung
vorlesen? Sie will nichts mehr wissen!
In Kiew wurde eine Brandbombe auf
ein Haus geworfen. Drei Kinder starben.
Im Jemen wird immer noch gekämpft.
Was dieser Ring wohl für sie bedeutet?
Sie trägt ihn, so lange ich sie kenne.
Ganz dünn ist er innen. Ich wollte sie
immer mal gefragt haben.
Kinderschänder sind verhaftet worden,
eine international organisierte Bande.
Ich würd so gern wissen, was du

Das war ganz anders! Aber das kannst
du nicht wissen.

Nachtkerzen! Und der Geruch nach
dem sonnendurchwärmten Fell
eines jungen Hundes.
Die großen Fledermäuse nachts
flattern hören. Halte still, wenn die
Fledermaus dein Haar berührt!

Harmloses Sprechen mit samtiger,
tiefer Stimme: „Ist das nicht die
kleine Marga?“

denkst! Vielleicht ist meine Frage zu
persönlich?

Diese Stille, diese schwer zu ertragende
Stille!

Sie war schon recht hinfällig, als ich
sie das letzte Mal in ihrer Wohnung
besuchte. Als ich gehen wollte und
den Mantel anzog, schloss sie mir
die oberen Knöpfe und rückte meinen
Kragen zurecht. Sie im lila Morgen-
rock mit Braun und Türkis. Farben,
in denen sie auch mal einen Schal
für mich ausgesucht hat. Der mir
aber überhaupt nicht steht!
Marga! Möchtest du etwas essen? Ja?
Lass es dir schmecken! Geht´s so?
Kleine Reste unbemerkt an der
gelähmten Seite.

Im Bus saß ich hinter dem Fahrer und
sein innerer Seitenspiegel zeigte mein
Gesicht während der Fahrt mit tausend
Falten und Runzeln, verwackelt. So
werde ich als Alte aussehen.
War´s gut?
Moment, ich wisch noch ab.
Willst du ausruhen?
Soll ich dich runterstellen?
Soll ich den Vorhang vorziehen?
Die Tabletten noch.
Für morgen ist der Arzt bestellt. Ich
frag ihn, ob du die großen Tabletten

Noch im Leben müssen wir büßen.
Auch für die Verwünschungen:
Die sollen damit nicht glücklich
werden. Mit dem Unrecht. Ihnen
alles Schlechte.

Geduldig ertragen!

Breibreibrei!

Als Kind hatte ich mir immer
vorgestellt, dass überall Flachland
wäre, wie ich es eben kannte,
Gebirge nur selten und als
Ausnahme.

zur Blutverdünnung wirklich nehmen
musst. Du kriegst sie doch kaum
runter.
Um vier will Michael kommen.
Einkaufen müssen wir noch. Hoffentlich
hat das Sanitätshaus lange geöffnet.
Windeln darf ich nicht vergessen.
Brauchst du noch etwas, Marga?
Ich fahr dann jetzt die Kinder rüber.
Ich bin zurück, bevor der Pfleger
kommt. Den Eberhard mag sie nicht
so. Sie lässt sich lieber von den
Schwestern versorgen. Vor allem
waschen. Kann mensch auch verstehen.
Schläfst du?
Ich geh dann jetzt.

Manche Kulturen teilen das Leben
in Abschnitte. Jeder einzelne dient
dazu, im Alter die Weisheit zu
erreichen.
Ich schlafe.
Überlege.
Ich esse gern.
Ich ruhe aus.

Da sind die Bücher.

Glocken läuten

Verhärtungen in der Seele zeigen sich immer wieder und völlig unabhängig von äußeren Merkmalen der betreffenden Menschen. Da diese Erstarrungen die unterschiedlichsten Ursachen und Ausdruckformen haben, benennt das folgende Beispiel nur eine der vielfältigen Möglichkeiten.

Mit großer einladender Armbewegung, die Handflächen locker und offen gestreckt, breit lächelnd, zwei gutkalkulierte Schritte vortretend – so begrüßt dieser Mensch andere Menschen. Sicher in sich, jovial und eloquent, mit Verantwortung, Entscheidungen, Macht.
Wer dann privat mit ihm in Beziehung tritt, dabei selbst mit Empathie gesegnet ist, nimmt vielleicht wahr, dass das Gegenüber ohne nennenswerte Empfindungen für andere und völlig in sich selbst verhaftet bleibt. Oftmals ließe sich wohl eher ein Stein erweichen, als dass diese Art Mensch in seiner Indifferenz zu Mitgefühl befähigt werden könnte.

Falls jedoch eine Änderung dieses Status' notwendig oder gewünscht werden sollte, aber nichts und niemand ihn zu lösen vermöchte, böte sich eine Glockentherapie an:
Nach einer individuellen Phase bewusster Stille begebe sich die betreffende Person in die unmittelbare Nähe eines Glockenstuhles, lauschte dem kaum hörbaren schnarrenden Einsetzen des Elektromotors, und dann begänne leicht rumpelnd - vielleicht - ein Totenglöckchen zu läuten, nach längerer Zeit gefolgt von einer Betglocke, später einer Friedensglocke, nur unterbrochen vom Uhrzeitschlagen, besonders dem zu Mittag. Und zur Mitternacht zum Beispiel durch eine Ewigkeitsglocke. Auch würde auf den Sonntag eingestimmt, das Neue Jahr mit vielfälti-

gem Festgeläute begrüßt, mit Nachhall für's ganze. Dies alles in warmem, bronzenem Klang.
Ebenso wirkte sicherlich eine umgekehrte Reihenfolge der klingenden Glocken, denn manche der Betroffenen zögen es vielleicht vor, von der Lautstärke des Alltags den Pegel über die Feuerglocke bis zum Sterbeglöckchen zu regeln – zurück zur Stille.

Neugierig geworden auf mehr und Neues oder weil die Passivaufnahme des reinen Hörens noch nicht zum gewünschten Erfolg geführt hat, lohnte sich gewiss auch der Versuch, eigenhändig und unter gesamtem Körper- und Sinneseinsatz eine Glocke zum Klingen zu bringen.
Allerdings erweist es sich als nicht so einfach, eine geeignete Lokalität für das Läuten mit den Händen ausfindig zu machen. Kann eine solche jedoch ermittelt und genutzt werden, versetzte besagter Mensch das am Ende des Glockenarms angebrachte Seil und dadurch das Glockenjoch, an dem die Glocke befestigt ist, in regelmäßige Bewegung, und die Glocke und in ihr der frei hängende Klöppel schwängen wie Pendel hin und her. Dieser Mensch müsste sich dafür recken, sich an das Seil hängen, um es mit seiner Körperspannung, Bewegung und mit seinem vollen Gewicht herunterzuziehen. Die Trägheit des Jochs, das Holz knarzt dabei vernehmlich, würde er spüren, Seil aufwärts nachgeben und mit seinem menschlichen Können den Vorgang einige Male wiederholen. Ein erstes Bim... Bim... erschallte unter dem inzwischen ächzenden Joch. Er müsste sich strecken, sich vom Seil in die Höhe schnellen lassen, nach unten sacken, in die Knie gehen, einen Lidschlag lang innehalten, nach oben. Wieder und wieder. Der Mensch erstaunt: Er läutet. Staunend behält er diese Wirklichkeit bei, setzt das Läuten fort.

Verwundert ob ihrer Fähigkeiten und des Gesamtläuteprozesses passte sich diese Person Joch, Seil und Glocke an, übernähme lächelnd den Läute-Rhythmus, übertrüge strahlend eigene Befindlichkeit und Energie – kraft Seil – auf die Glocke, die wie alle tönenden Körper sehr individuell in einer Vielzahl von Teiltönen erklänge. Deren ausgesandte Wellen stimulierten direkt Leib und Geist dieses vormals bedürftigen Wesens, lösten Schicht um Schicht seine Härten.

Bamm ... Bamm ..., die Person steht, das Seil noch in den Händen, mit beiden Beinen auf dem Boden. Bammm! Ein letzter Glockenschlag. Schon leiser. Verklingt.

Mit der Zeit

Er ist tot! Er ist tot! Er ist tot! Am Morgen danach und sich dann immer wieder bewusst sagen, dass er tot ist. Wie Autosuggestion. Irgendetwas tun. Ein neues Zeitgefühl entwickeln: gestern um diese Zeit, jetzt ist es zwei Tage her, drei. Genau vor einer Woche. Vor einem Monat. Vor sechs, vor sieben Monaten, an einem Dienstag. Ein Jahr, in dem die Löwenzahnblüte von Anfang April, die allerersten vereinzelten Blüten noch, bis Ende Juni dauerte. Wenn die Gedanken doch so durchbrächen, wie der Frost die Steine aus der Endmoräne nach oben drückt! Was ist der Tod? – Nur Schlaf! Ein sanfter Uebergang zum ewgen Seyn. Hat irgendwer auf einen Grabstein gemeißelt.

Der Weg um den See, das Eis taut von minus zehn Grad auf über den Gefrierpunkt in nur zwanzig Stunden. Gänzlich unpassend zu ihrem runden Geburtstag und ihrem Durchschnitts-Sein: verheiratet/gewesen, zwei Kinder, Hund und Einfamilienhaus. Außerdem erreicht sie heute das Durchschnittsalter ihres Berufsstandes. Sie fühlt sich wie eine Schlange in den Tagen nach der Häutung, mit glänzender weicher Haut, äußerst empfindlich. Es diest und dunstet und die Schwaden hängen schwer über der Landschaft. Dies alles berührt sie wenig, sie, die sich gepackt und irgendwie aufgespießt fühlt, aufgespießt wie von einem Reiher, dessen Flug sie ebenso wenig wie ein chinesisches Schriftzeichen zu lesen vermag. Nur des Reihers Zeiten, wann er sich wo aufhält, kennt sie. Und sie weiß, dass, wenn irgendwo steht, dass einer morgens in Schönbronn reitet, dies nicht die Zeit beinhaltet, die es braucht, um die Pferde zu holen, zu putzen, zu satteln und zu trensen. Und später alles wieder retour. Aus der Bewegung Erkenntnis und Sinn ziehen, die Existenz. Wörter und Worte werden überflüssig.

Als der Löwenzahn voll erblüht war, starb Paul. Zu jung! Die Sekunden zwischen dem Feststellen des Todes und den Überlegungen, wer alles und in welcher Reihenfolge, wer zuerst benachrichtigt werden musste. Ein halbes Leben spulte sich in Sekundenschnelle ab. Am Morgen der Trauerfeier herrschte Warte-Atmosphäre. Warten auf wen?, auf was?, da das eigentliche Warten, Sinn des Lebens, auf den Tod doch zumindest für einen Menschen abgeschlossen war. Zögern und warten. Unentschlossen. Breiig. Eine Fliege umflog den Kopf des Leichnams, versuchte in seine Nase zu kriechen, wurde immer wieder von den Lebenden verscheucht.

Die Kamille, die echte, zeigte die ersten Blütenköpfe, und Michel war tot. In einem ganz symmetrischen Jahr. Maschas Fest voller Sonnenblumen, Sonnenschein und Missverständnissen. Sie feierten, einige tanzten, und Michel war gestorben, und sie wussten es nicht. Durch seinen Tod trug Michel zur Senkung der durchschnittlichen Lebenserwartung bei.
Sie erinnert den Schwentine-Spaziergang mit Himpelchen und Pimpelchen. Michel auf der Brücke, am Rand, auf einem Bein. Als sie ihn später unterrichtete, ließen seine Mutter und sie sich durch ihn grüßen. Sie lachten viel, er hatte Ideen, freundliche, fröhliche Ideen, und war unzuverlässig. Seine beste Arbeit schrieb er bei ihr, als er im Begriff war, die Schule zu verlassen. Er freute sich auf seine Lehrstelle. Alles Gute wünschte sie ihm und war erleichtert.
Das Vergessene. Der Sohn, früher hatte er eifriges-Kind-Verhalten an den Tag gelegt, verließ das Haus wie die jungen Amseln ihr Nest. Von einem Moment auf den anderen. Kein Geschrei mehr. Keine Ablenkungsmanöver.

Sie sieht nach den Pferden auf den endlosen hügeligen Winterkoppeln. Erst nach den Stuten, die zusammenstehen und sie schnaubend begrüßen. Die Hengste, vereinzelt, zu zweit. Im unübersichtlichen Gelände. Suchen. Unscharf das Leittier, wiehernd, vorsichtig die Hufe auf oberflächlich getauten rutschigen Hang setzend, begleitet vom Springen des Baches in der tiefen Senke, sonst Ruhe, mal ein Vogel oder das dünne Klappern dürrer Blätter im Geäst einzelner Bäume. Wasserlosen, Bremsburg, Knüll, Ostereistedt, Viöl. Ein lange gehegter Wusch wird in Erfüllung gehen. Achtundzwanzig Jahre hat sie auf diese Reise gewartet. Sie freut sich auf den Vorfrühling, wenn die Sonne Wolken treibt und die Sandbänke des Sees im Augenblick zwischen Goldgelb und Grau die Farbe wechseln.

Sie, die in bestimmte Zeiten geboren wurde, hat viel gelernt. Zum Beispiel wenn etwas in die Augenhöhlen einer Maske gesteckt oder das Gelenk einer Puppe überdreht wird. Beides schmerzt sie. Sie hat festgestellt, dass ein Apfel nicht überall gleich schmeckt. Am fruchtigsten schmeckt ihr der Blütenbereich. Die Einführung einer neuen Währung hat sie ebenfalls erlebt. In ihren Händen knitterte und knüllte sie die neuen Euroscheine, damit sie das Nichtssagende verloren. Dann ließ sie sie wie Julklapp-Zettelchen nach dem Auslosen einzeln in den Hosentaschen verschwinden. Irgendwann zog sie einen, strich ihn glatt, nur um ihn anzusehen. Ihn auszugeben. Nie hat sie zu den Frauen gehört, die es vorzögen, statt Menstruationsblut auszustoßen oder Kinder, Geld zu gebären.

Ihr Früher ist anders gewesen, damals, als die Federn der Vögel sich noch wie Stacheln anfühlten, nein!, damals wurden die Holunderbeeren noch im Oktober reif, die Sommer waren heiß und die Winter voller Schnee. Früher folgte der Sommer dem Frühjahr, das Frühjahr dem Winter, der dem Herbst, als die aufgebrochenen Maronenschalen die Finger bluten ließen. Früher gehorchten die Menschen, als man Herr Lehrer sagte und Herr Pfarrer. Das aber war vor ihrer Zeit gewesen. Soldaten zogen in den Krieg, die Zivilisten blieben zu Haus, als die Menschen noch gehorchten. In ihrer Zeit ist das anders, sie meint, da werden Untergrundkämpfer von Geheimdiensten zu Terroristen ausgebildet. Da führt das feindliche Militär den Krieg vor allem gegen die Zivilbevölkerung. Da wird mit der Apokalypse gespielt.

Neblig ist es und kalt, und Theres hätte gern noch ein paar Jahre gelebt. Das Elternhaus ist leer. Es erinnert sie daran, dass Einsiedlerkrebse ihre Häuser nur wechseln, nicht tauschen. Mit den Eltern war sie rechtzeitig ins Reine gekommen

Die Luft an diesem Sonnabendmorgen: Duft nach Wasser und Vogelgezwitscher, Wind und abwartendem Gras, dem kaputten Tor, nach frischen Maulwurfshügeln, Gänseschrei, nach alten Silvesterknallern und Schafsgeblök.

Sie weiß, vier Schritte, für jede Himmelsrichtung einen, reichen aus, um sich für immer unbeabsichtigt von dem einen, dem besonderen Stein auf ihrem Weg zu entfernen und damit ihren Weg zu verlieren. Mit Glück übernähme eine Wolke die Form des Verlorenen.

Ein Vogelschwarm bewegt sich sehr langsam fliegend wie ein herabschwebendes Seidentuch, das – dunkle Tupfen auf Durchsichtigkeit – ganz sachte zu Boden sinkt.

Ein Auto auf der Kreisstraße, nur zu sehen, einen Moment. Und eine Stille, dass sie sich nachher im Haus nur verhalten kann. Nicht sprechen. Das Sprechen kommt erst nach einer Eingewöhnung, zuerst langsam und schleppend, dann fließender.

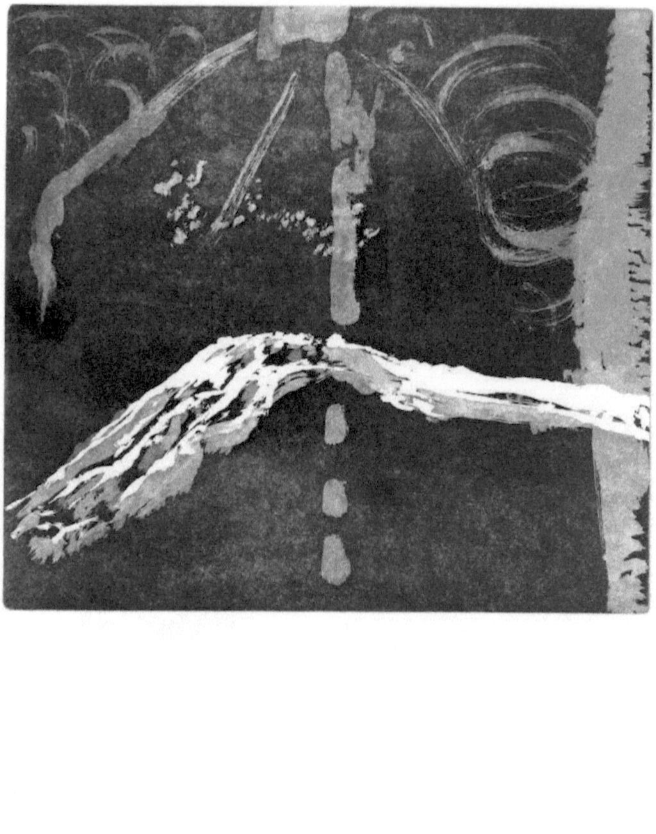

Toten Tanz

dringliches Stampfen im Licht Schatten Licht reflektierender Räume
körperlich endlosen Nichts Sinnen Wolken ungezählter Moleküle
schreiten Gemeinsamkeit in Raum und Zeit der Seelen Weg im Innern
der Stimmen Schatten getanztes Grenzen Überqueren erstletzter
Expansion der Konsistenz von Sprache Gesang entschlossene Klärung
divinatorisch Öffnen des Hades mitnichten vitales absolute Musik und
alles Beseelte alles ein Wald wird gelichtet ein Weg wieder frei
konkretisierter Sehnsucht Gebet helles Weben starkes Ranken
kosmischer Geflechte Tanz lebigster Nachtvögel Musik Musik heftig
geborgenen Seins heiter Ewigkeiten haschen Sensenmann mit
Blütenkranz gebietet zum Tanz zum Tanz zum Freuden Trauer Tanz hinter
der Symmetrie Achse perlende Gefühle kristallinen Wachsens rinnendes
Steigen Fallen in Bögen heißeisklirrend All erfüllend engelisches Echo
Spiegel Splitter rahmenlos namenlos du sagst du seiest doch immer mit
dir ultimatives Dröhnen dreier Dimensionen Glaube Liebe Tod
schattenertrunkenes Galoppieren exzessiv wirbelnder Signale
allertiefster Stunden Musik möchte so gerne eigentlich wollte ja tanzen
wirklich Musik alles Musik und alles

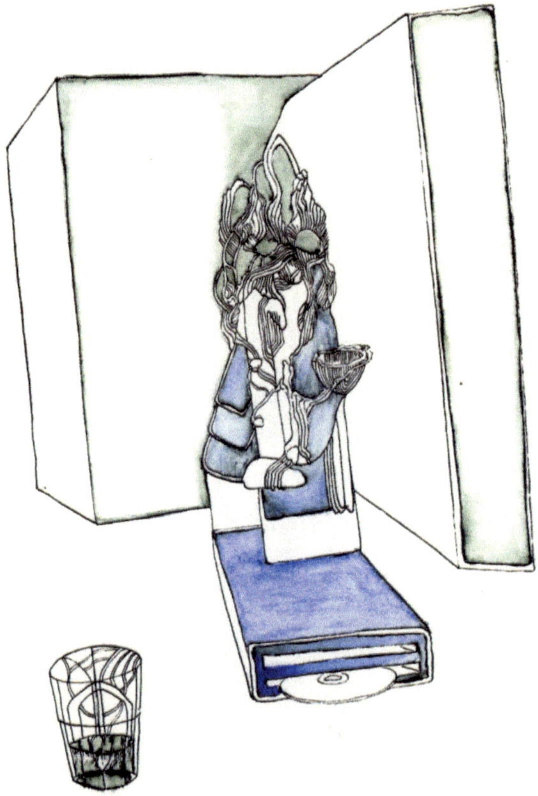

Vera

Mit Hingabe lauschte Vera der Suite in G-Moll von Tielke. Ihr Blick schweifte über den vom Schnee geräumten Parkplatz, über die wenigen abgestellten Wagen, die Rückseite des kleinen Kaufhauses bis zu der mit Efeu bewachsenen roten Ziegelmauer, die dem Parkplatz einen intimen Hofcharakter verlieh, da sie ihn von den beiden Nachbargrundstücken und der Straße abschloss. Zu dieser wenig befahrenen Straße war die Mauer unterbrochen, um eine geräumige Zufahrt zum Kaufhaus zu gestatten, die auch von größeren Fahrzeugen durchquert werden konnte. Wie ein Spion zeigte ein schräg am Mauerende angebrachter Spiegel leicht verzerrt denen, die vom Parkplatz zur Straße wollten, ob Gegenverkehr passierte.

Vera hatte ein paar Kleinigkeiten eingekauft, um diesen Platz zu benutzten. Sie war etwas zu früh gekommen, saß in ihrem Auto und wartete. Warten hatte sie gelernt, nachdem ihr Mann erkrankt gewesen war: Warten auf die Befunde, auf Untersuchungsergebnisse, Warten, ob die Therapien anschlugen, auf Besserung, dann auf den Tod.
Kinder hatten sie keine, und Vera merkte sehr schnell, dass die Menschen, mit denen sie sich zu Lebzeiten ihres Mannes getroffen und etwas unternommen hatten, seine Freunde und Bekannten gewesen waren. Sie hatte in der Bibliothek, die sie leitete, ihre Arbeitskolleginnen, zu denen sie immer auf Distanz geblieben war. Ihr Mann hatte oft gemeint, dass sie an allen Menschen etwas auszusetzen hätte. Das stimmte. Kaum jemand konnte es ihr recht machen.

Ihre Freizeit verbrachte sie nun allein, wobei sie sich allerdings nie einsam fühlte, und sie hörte viel Musik. Sie lebte weiterhin in der alten Wohnung, in der nichts verändert worden war, sie reiste viel, eine Gewohnheit aus gemeinsamen Tagen mit ihrem Mann. Der hatte eigens dazu ein Wohnmobil angeschafft, damit sie im Urlaub unabhängig waren. Vera hatte in der Zwischenzeit kurz mit dem Gedanken gespielt, dieses große Auto gegen ein kleineres einzutauschen, war indessen teils aus Erinnerung, teils aus guten Gründen davon abgekommen. Mit dem Wohnmobil konnte sie nämlich auch unterwegs ihre Vorstellungen von Zeit, Ordnung und Sauberkeit uneingeschränkt beibehalten.

Trotz ihrer warmen Kleidung – Vera kleidete sich unauffällig, dennoch gut und war immer korrekt und geschmackvoll ihrem Alter entsprechend zurechtgemacht -, empfand sie die Kälte dieses Wintertages, die langsam in ihr Auto drang, als unangenehm. Es hatte leicht zu schneien begonnen. Sie stellte die Standheizung an, deren Geräusch die Musik störte, die sie daraufhin ausschaltete.
Still blieb sie hinter dem Steuer sitzen und ging ein letztes Mal ihren Plan für das Zusammentreffen durch: Der Ort und die Zeit waren gut gewählt, die Frau war zuverlässig, dessen war sich Vera gewiss. Und es gab kein Zurück mehr!

Während ihres ersten Urlaubs allein hatte es im Montafon begonnen: „Haben Sie eine Schwester, die Vera heißt?“
Die Serviererin hatte sofort gespürt, dass ihre Frage einer Erklärung bedurfte. „Sie könnten ihre Zwillingsschwester sein. Seit ein paar Jahren kommt sie regelmäßig zum Skifahren hierher.“
„Also ... ich heiße Vera, ich bin zum ersten Mal hier.“
Vera war irritiert, vor allem aber empört gewesen und hatte sich erst beruhigt, als sie sich wieder in ihrem Fahrzeug befand.

Von diesem Tag an fiel ihr auf, dass sie häufig, ja eigentlich ständig von Fremden gegrüßt und auch angesprochen wurde. Ein lächelndes Nicken, oftmals ein Heben der Hand, auf jeden Fall immer betont freundlich, was

Vera unangenehm war und sie zunehmend verunsicherte. Dies geschah überall: am Ort, im Urlaub, einmal sogar in der Stadt, in der sie sich zu einem Kongress aufhielt: „Da wenden wir uns doch am besten an die Dame vom Foto! Entschuldigung, können wir Sie etwas fragen? War der Grabungsleiter vor acht Jahren im Königsmoor Herr Munch oder Herr Appel? Auf dieser Vergrößerung kann ich nämlich nur Sie genau erkennen."
„Oh, das auf dem Bild, das bin nicht ich! Ich bin auch nur eine Besucherin wie Sie!"
Vera blieb höflich, innerlich jedoch sehr ungehalten. Sie fühlte sich respektlos in den Mittelpunkt gestellt; dabei wollte sie nur ihre Ruhe haben.

Eine tiefe Erregung hatte sich ihrer bemächtigt. Warum verwechselten die Menschen gerade sie mit anderen? Was hatte sie an sich, dass sie die Aufmerksamkeit auf sich zog? Andererseits, wenn sie unbeabsichtigt eine Gleichheit signalisierte, dann musste doch auch die, für die sie jeweils gehalten wurde, die Blicke auf sich lenken!

Also begann Vera, anderen ins Gesicht zu schauen, nach Ähnlichkeiten mit sich selbst zu suchen, manchmal fast aufdringlich die Erscheinungen abzuwägen. Als Kind hatte sie gelernt, dass sie Fremde nicht neugierig angucken, auf keinen Fall anstarren durfte. Jetzt setzte sie sich darüber hinweg, und wenn eine ihre Blicke fühlte und durch ein Aufschauen reagierte, lächelte Vera freundlich, nickte überdies manchmal. Meistens wandte sich die so Gegrüßte schnell ab, nachdenklich berührt.

Im Laufe der Monate vervollkommnete Vera sich darin, Menschen zu vergleichen. Sie entdeckte viele auffällige Entsprechungen sowohl unter denen, die sie auf der Straße, beim Einkaufen und in den verschiedenen von ihr besuchten Musikveranstaltungen antraf, als auch zwischen ihnen und sich selbst.

In einem Kirchenkonzert dann stieß sie auf ihre Doppelgängerin: Die Bach-Tokkata hielt sie noch in ihrem Bann, als sie feststellte, dass sie manchmal nicht wissen wollte, wie etwas, hier die Musik, erschaffen wurde, besonders nicht, wenn der Organist wie ein auf die Hinterbeine gestellter Bison wirkte, als er nur mit den Füßen die Musik spielte.
Eine Frau blätterte für ihn die Noten um. Mit äußerster Konzentration schaute sie zum Manne auf, und Vera erkannte sie. Sie erschrak mehr, als dass sie froh war, sie endlich gefunden zu haben. Vor Aufregung hakelte sie ihre Schulterblätter über die unbequeme Banklehne. Die Streicher in Schütz´ Geistlichem Konzert harmonierten nicht, und sie verspürte einen zunehmenden Hustenreiz, der jedoch nachließ, als zur Pepusch-Sonate stimmig eingesetzt wurde. Vera konnte wieder zuhören.
Sie betrachtete die Frau. Ja, das war sie, die, während ihre Tochter engelgleich die Orgel auf der Sopranflöte begleitete, mit gerunzelter Stirn lauschte, beinahe das Umblättern der Noten vergessen hätte, um am Ende der Sonate den Mund in voller Größe zu einem zufriedenen, den Applaus für die Tochter aufnehmenden lautlosen Lachen zu öffnen.

Das Weitere war einfach gewesen: Herauszufinden, wo diese Frau wohnte, wie sie hieß und wie sie sich regelmäßig verhielt. Dass sie nach wie vor von Wildfremden gegrüßt wurde, nahm Vera jetzt gelassener hin als in den Monaten zuvor. So wie sie es einrichten konnte, beobachtete sie die andere, unternahm, bedingt durch diese sich selbst auferlegte Aufgabe, einiges in der Stadt, womit sie sich allein nie befasst hätte. Zum Beispiel besuchte sie einen chinesischen Zirkus, in dem sie von der Nummer des Schlangenmenschen außerordentlich beeindruckt wurde. Und in einem Spaßkabinett verlor sie durch einen Spiegel, der einer Lostrommel glich, das Gleichgewicht. Ihr Kopf erschien vom Körper losgelöst und rotierte um ihre Gesichtsmitte.

Überall vermied Vera es peinlichst, der Frau direkt zu begegnen. Gewöhnlich hielt sie sich zwischen den anderen Anwesenden im Hintergrund. Allerdings war sie ein paar Male spontan geneigt, sich der anderen offen zu zeigen. Wie sie sich wohl auf Veras Blick und eine Gegenüberstellung verhalten würde? Ob sie beide außer der Vorliebe für bestimmte Komponisten weitere gemeinsame Interessen finden könnten?

So geriet Vera in eine „Rheingold"-Aufführung. Als sie ihren Platz auf der Empore verließ, von wo aus sie eine gute Aussicht hatte, stürzte plötzlich eine Frau, eine dieser ewig Jugendlichen mit Haarspangen und Mittelscheitel im offenen Haar, auf sie zu: „Na so was! Wir haben uns ja seit Ewigkeiten nicht gesehen! – Erkennst du mich denn nicht mehr? Ich bin ´s doch, die Silke!"
Sie umarmte und küsste Vera, in der alles erstarrte. So etwas wollte, nein, konnte sie nicht ertragen!
„Sie verwechseln mich!", stieß sie mühsam hervor und die Frau zurück.
Zutiefst angewidert und aufgewühlt verließ sie das Opernhaus und hastete nach Hause, um ihre Gedanken und Gefühle zu ordnen.
Vera würde erst wieder ihr eigenes Leben unbehelligt führen können, wenn diese Irrtümer beendet wären. Sie beschloss, sich der Tatsache der Doppelgängerschaft zu stellen und entwickelte den Plan für das heutige Zusammentreffen.

Jetzt war es gleich so weit. Das Schneien war in einen Nieselregen übergegangen, der Boden mit einer dünnen Eisschicht überzogen.
Und da, sie kam! Sie war pünktlich. Auf dem rutschigen Gehweg versuchte sie das Gleichgewicht zu halten, balancierte mit leicht angewinkelten Armen. Dieses Gesicht mit den zu Boden gewandten Augen er-

schien Vera vertraut; in der untersten Reihe des Kaleidoskopspiegels hatte sie es schon einmal gesehen.
Entschlossen startete sie den Motor, konzentriert den Blick auf den Spiegel gerichtet.

Den Wagen, der zügig durch die Ausfahrt auf den Bürgersteig rollte, hatte die andere nicht bemerkt. Alles geschah so schnell. Sie fühlte einen starken Aufprall an ihrer Seite, verlor jeglichen Halt, rutschte, drehte sich, während sie fiel, und schlug heftig mit dem Hinterkopf auf das vereiste Pflaster. Das Auto hob sich unmerklich, als es langsam über sie hinwegfuhr. Ein Rad drückte ihren Brustkorb zusammen, und sie hörte in ihrem Innern das leise Knacken der brechenden Rippen. Panik stieg in ihr auf wie einmal, als sie geträumt hatte, ins Wasser gefallen zu sein, ohne schwimmen zu können.

Da drang sie tiefer, fast barsten ihre Lungen, und sie erkannte mit Erleichterung, dass sie unter Wasser atmen konnte.

Am See

„Doch, es gefällt mir hier. Wirklich idyllisch! Du, was für ein Vogel ist das da, der dunkle, auf dem Pfahl? Er scheint verletzt zu sein."
„Ein Kormoran, der sein Gefieder trocknet. Früher waren die selten, sie haben sich in den vergangenen Jahren wieder stark vermehrt. Übrigens brütet ein Seeadlerpaar in der Nähe. Es wird aber nicht verraten, wo. Der größte Teil des Sees steht unter Naturschutz, nur zwei Fischer nutzen ihn. Motorbootfahren und Surfen sind verboten, und es kostet Geld, auf ihm zu paddeln oder zu rudern. Durchquerungen sind aber kostenlos. Wie schön, der Schmetterling! Sieh mal, perfekt getarnt, das Grüne Blatt. Die feinen, weißwelligen Querlinien auf dem zarten Türkis erinnern mich an die Brustpaspellierungen alter Dekolletees. Das da im Tümpel sind die durchsichtigen Puppenkleidchen von Libellen."
„Stechen Libellen eigentlich?"
„Nie erlebt! Lass uns mal weitergehen! Die Gartenrotschwänze müssen hier in der Nähe nisten. Jeden Tag seh ich sie auf dem Boden. Neulich hörte ich frühmorgens zufällig ihr Lied, weil der Hund unruhig war und ich aufwachte. Vielleicht treffen wir das Füchslein. Wahrscheinlich treibt er grad wieder Damwild zusammen, seine Spezialität."
„Dann wird er bestimmt bald abgeschossen."
„Untersteh dich! Die Jäger haben Wichtigeres zu tun, als sich über einen Hund, den sie zudem noch kennen, zu ärgern. Auch erhalten sie wie alle anderen seit dem Embargo rationierten Kraftstoff. Die fahren nur die wirklich notwendigen Strecken. Wir liegen zu weit außerhalb. Sie wissen, dass er nicht reißt, sondern die Rudel nur im Kreis zusammentreibt."
„Hoffen wir das Beste! Wer wohnt in den Nachbarhäusern?"
„Im Altenteil meine Großmutter. Gegenüber Fickens. Tante Frieda hatte früher immer Lakritze für mich in der Schürzentasche. Tante Frieda ist

uralt, solange ich denken kann. Ihr Sohn wohnt mit seiner Familie bei ihr. Der stämmige Junge dort gehört dahin. Da ist ja auch Füchslein!"

„Blicko! Blicko!"
Kinder spielen an der Badestelle Fangen.
„Nein!"
„Du kriegst mich nicht! Ich hab Blicko!"

„Ich höre was, was du nicht sieht, und das ist groß."
„Der Trecker! Lass dir einen Kuss geben!"

Buntspechtgeschrei begleitet die beiden am blühenden Holunder vorbei, berankt mit Geißblatt und kleinen weißen Heckenröschen mit dem Duft nach Sehnsucht und Brausepulver. Mehrere Paare schräg gestellter Ohren im Getreidefeld verfolgen sie, hoch aufgerichtet, zuckend. Der Weißdorn ist verblüht, und der Ahorn wächst mit den neuen, gegenständigen Blättchen, die sich dunkel rötlich von den hellen älteren absetzen.
„Du solltest hier den Altweibersommer erleben! Überall sind dann große runde Netze mit Springspinnen drin, manchmal ganze Kaskaden."

Eine kobaltblaue Libelle fliegt vom Boden auf, mehrere, ein ganzer Schwarm. Tausende. Spitzwegerich, Löwenzahn und Kleines Habichtskraut blühen, die gelbe Zeit ist angebrochen, löst die blaue ab. Schwarzweiß gefleckte Kühe erreichen eilig den Zaun. In einem der Pfosten befindet sich ein Spalt, jemand hat einen abgebrochenen Spatengriff hineingerammt.

„Oh, es hat einen Liebhaber gefunden! Schade, dass ich das nicht fotografiert habe! Weißt du, über mehrere Wochen lag auf diesem Findling ein T-Shirt. Jedes Mal, wenn ich hier lief, war es anders gefaltet oder aufgehängt. Da hatten so einige ihre Freude dran. - Einmal hab ich es wie schrankfertig zusammengelegt und Buchenblättchen darüber gestreut."

Über der Schonung schreien Vögel, sehr weit oben, eine Mischung aus Gänsen und Krähen. Koppeldurchlässe behindern den Weg, der alte Bauernwald beginnt. Von einem vor Jahrzehnten umgestürzten Baumriesen ist nur eine halbe Schale übriggeblieben, ein geeignetes Versteck. Und weiter, wo die Veilchen blühen, ein Baum mit einem Rüssel, einer mit rundem, schreienden Mund. Ein Ast wie eine Schlange im Regen. Eine Buche mit Stielaugen, Efeu. Schnecken beschleimen dazwischen Teufelskrallen. Bäume mit Stämmen wie gedrehte Muskelstränge oder mit Rinden wie nach oben gezogene, schlecht verheilte Wunden, wie Haut beim Abziehen eines Balges, gespannt; aber auch mit einem symmetrisch eingeschnitzten Herz mit Buchstaben und Jahreszahl. Und klaffende, gerissene Rinden.

„Siehst du diese Borken? Als Kind dachte ich immer, dass sie vor Hitze, in einem Sommer mit unendlicher Hitze von den Bäumen geplatzt sein müssten."
„Wie hoch war eigentlich der Sachschaden nach dem Brand auf dem Gelände des Kaiser-Logistik-Zentrums? Fast alle Lastwagen und die Halle sind vernichtet. Komisch, dass die Sprinkler-Anlagen zuerst reagierten und sich dann nach ein paar Sekunden ausschalteten. Aussetzen der Stromversorgung, wird gesagt, was zum Totalausfall der Systeme führte. Tja, auch digitale Systeme fallen sehr bald aus, wenn Störungen plötzlich wie geschmiert laufen."
„Die Massenkarambolagen, nachdem die zentrale Verkehrs- und Versorgungsüberwachung außer Kraft gesetzt worden war. Kein Wasser, kein Strom! Chaos in den Häfen! Schlimm, dass es dazu kommen konnte! Statt technologischen Aktionismus zu praktizieren, hätte man in den Jahren zuvor weiterdenken und vorsorgen müssen!"

„Immer geht's um Macht und Geld! Aber lass uns die herrliche Umgebung genießen!“
„Unter der Weide dort saßen wir oft an Sonntagen und belauschten die Spaziergänger. Manchmal ahmten wir Tierlaute nach. Das verwirrte die Leute.“

Und Bäume und Wurzeln zum Durchschlüpfen. Und Reinsetzen. Stockschwämmchen, schon verflacht und gebuckelt, büscheln an einem modernden Ast. Da liegt ein Kaninchenschädel, dort der Rest einer Taube.
„Ich habe vorm Ortseingang mal ein Reh angefahren. Es sprang mir direkt vor den Wagen, ich konnte nichts machen. Seitdem, wenn ich die Stelle passiere, denke ich die Strophe „... ein Reh hebt den Kopf erschrocken und schlummert gleich wieder ein.“

„Von den Flüchtlingen, die wegen Computerpannen von Lager zu Lager geschickt wurden, haben wir erst jetzt, nach Wochen, erfahren. Die digitalen Grenzkontrollen funktionieren auch nicht mehr!“
„Mir macht das nichts. Die ganzen Informationen, die innerhalb eines Tages auf uns einprasselten, habe ich sowieso nie verarbeiten können. Ehrlich, im Fernsehen sah ich mir gar keine Nachrichten mehr an. Mich berührten die Schreckensbilder dermaßen, dass ich heulen musste. Ich las viel Zeitung, und wenn sie wieder regelmäßig erscheinen sollten, mache ich es wieder.“
„Ich wünsche mir aber, mich bald wieder besser und umfassender informieren zu können! Ich will einfach wissen, was los ist!“
„Bei den meisten Meldungen ist es eh egal, ob ich sie heute oder später weiß, das ändert doch nichts.“

Die Ampel springt auf Rot, Iris bremst langsam, hält, der Motor schaltet ab. Schon früher hat es hier die mehrere Minuten dauernde Phase gegeben, etwas von dem, was geblieben ist. Ein dunkles Paar, wahrscheinlich Eritreer, überquert mit gefüllten Plastiktüten den Überweg. Die Besorgungen für die Eltern hat sie alle erledigt, eingekauft, sogar den gewünschten Versandhauskatalog ergattert. Fast eine Rarität heute. Im Bereich der Kommunikation funktioniert vieles nicht mehr, womit sie als Speditionskauffrau viel zu tun hat. Ihre Lagerhausgesellschaft arbeitet zwar mit der neuen überprüften Software, dennoch bleiben Container unauffindbar oder werden falsch zusammengestellt und verschickt. Die Fehler können nur von außen kommen, und sie erschweren die Arbeit, da zusätzlich manuell Kontrolllisten geführt werden müssen. Überhaupt schreiben die Menschen wieder mehr mit der Hand und in den Geschäftsbriefen, die sie bearbeitet, zeigt sich häufig das unregelmäßige Schriftbild mechanischer Schreibmaschinen. Insgesamt hat sich allerdings die Versorgung in den letzten Monaten schon etwas gebessert und stabilisiert. Vor allem wissen die Menschen jetzt, wo Lücken bestehen, und können sich darauf einstellen. Das betrifft nach wie vor Importe und Waren aus anderen Regionen und natürlich Gas, Benzin und Öl. Strom fließt nicht beständig.

Grün. Iris gibt vorsichtig Gas, stellt fest, dass die Reifen gut greifen. Nur noch Nässe, kein Eis bedeckt die Straße. Wenn es heute Nacht wieder friert, denkt sie, wird´s morgen früh gefährlich. Aber sie bleibt über das Wochenende bei den Eltern im Dorf.

Auf der Autobahn fahren nur wenige Privatwagen, langsam. Dann geht es über die Allee beim Gut vorbei, und sie erreicht die Nebenstraße zum Dorf am See, vorbei am alten Apfelgarten. Am Tor hängt das große Vorhängeschloss. Einmal, vor Jahren im Herbst, hatte das Tor offengestanden und Iris dies im Vorbeigehen zufällig bemerkt. Sie war in den Garten geschlichen, mit klopfendem Herzen und im Unklaren darüber, was sie eigentlich erwartete. Rotschorfige und goldgelbe Äpfel, Renetten, Berner Rosen und Parmänen, hingen noch in den Bäumen, die anderen waren schon geerntet, das den Boden deckende Gras abgemäht. Trocken papierene Blätter raschelten an den Spitzen der Zweige, und der Pestwurz in der Senke, an den Garten grenzend, war fein perforiert.

Es ist noch hell, zwei kleinere Kinder ziehen mühsam ihre Schlitten durch den pappigen Schnee. Im Schritttempo durchs Dorf, sie grüßt hier die alte Frau, dort die ehemalige Klassenkameradin, lässt den Wanderparkplatz links liegen, dann noch ein paar hundert Meter, drei Häuser. Ein Aussiedlerhof folgt am Hang vor der Gemeindegrenze.

Iris hat das Auto kaum abgestellt, als auch schon ein fuchsähnlicher Hund auf sie zustürzt, in den höchsten Tönen fiept, an ihr hochspringt und sie ableckt, wo er nur kann. „Hallo, Füchslein!" Sie hockt sich zu ihm, hält ihn, fühlt seinen dichten, seidigen Pelz. „Ja, ist ja gut! Ist ja gut, Hund!"

Der Hund springt mit auf dem Rücken gekringelten Schwanz neben ihr durch die Eingangstür. Sie hebt die Nase, saugt mit geblähten Flügeln den süßlichen, vertrauten Geruch begierig ein. Es ist still im Haus, nur vom Wohnzimmer her hört Iris das Ticken des Regulators, einem Erbstück, dessen Zeiger und Pendel durchbrochene Blattornamente darstellen.

„Da bist du ja! Hast du eine gute Fahrt gehabt?", kommt die Mutter die Treppe herunter.

„Ja, Mutti, wenig Verkehr. Grüße von Marleen und Hans. Ich traf sie zufällig beim Einkaufen. Sie hatten versucht, dich anzurufen. Es klappte aber mal wieder nicht. Ist Papa da?"

„Danke! Geht´s ihnen gut? Papa hilft Herrn Thomsen, er kommt später. Komm, der Kaffeetisch ist gedeckt! Geh runter, Hund! Ich habe Konfekt bekommen, Königsberger Marzipan, nach altem Rezept."
„Schön! Ja, Marleen sieht bestens aus. Sie meint, dass das Kind schon ein paar Tage früher kommen wird, sie hat so ein Gefühl. Sie hilft immer noch ehrenamtlich und will die Sammlung für die Erdbebenopfer so lange wie möglich weiterführen."
„Hoffentlich erreichen die Hilfsgüter diesmal die Bedürftigen! Ihre Felder sind zerstört, und wenn die Versorgung nicht zu Stande kommt, werden noch mehr als bis jetzt hungers sterben. Gibt es eigentlich keine Möglichkeiten, so wie früher, als ich Kind war, die Transporte zu organisieren?"
„Leider nein, höchstens im ganz kleinen privaten Rahmen einer einzigen Hilfsorganisation, die selbst sammelt, direkt kauft und sofort verteilt. Alles vor Ort. Nur würden wahrscheinlich auf diese Weise zu wenige der betroffenen Regionen erreicht werden. Zentral und über internationale Komitees sollte allen geholfen werden können. Die Verantwortlichen werden schon wissen, was wo gebraucht wird."
„Hoffen wir´s! Hier sind übrigens Fotos vom Geburtstag. Herr Thomsen hat sie gebracht. Er hat sich ein kleines Fotolabor eingerichtet, zwar nur schwarzweiß, aber er entwickelt für alle. Seit seine Frau tot ist, hat er endlich wieder eine Aufgabe. Er verwindet es bis heute nicht, dass die Herz-Lungen-Maschine ausgerechnet bei ihr plötzlich aussetzte. Es ging doch nur um Minuten! Ein Computerfehler, hieß es. Er hat nicht weiter nachgeforscht. Warum auch. Zündest du eine Kerze an?"

Zu der Stunde, wenn die Menschen mit ihren Hunden gehen, verlässt Iris, begleitet vom Fuchs, das Haus, folgt dem Schafzaun des Nachbarn Richtung Badestelle am See. Auf den Stacheldraht hat der letzte Sturm welkes Laub gespießt. Niedrige Strahlen der Nachmittagssonne, Feuchtigkeit und Eis, und die Sägestellen des Knicks glänzen. Rotweißes Flatterband fasst den Bereich ein, in dem das umgestürzte Toilettenhäuschen liegt. Umgestoßen. Wie jede Woche. Nur dass es jetzt nicht mehr aufgestellt werden wird, sondern abtransportiert.

Der Hund sucht sich ein Stöckchen, Iris wirft, der Hund holt es. Von vorne das Spiel. Der Sohn des Nachbarn hat sie vorbeigehen gesehen, er mag den Hund.
„Kann ich werfen? Hallo, Iris!“ Er rennt mit dem Hund über den Sand an den zugefrorenen See, täuscht, wirft, das Holz verschwindet im Schilf.
„Was passiert, wenn das Eis geschmolzen ist und wir für den Fuchs ganz viele Stöcke in den See schmeißen? Immer mehr? Läuft der See dann über?“ Und ohne eine Antwort abzuwarten: „Iris, wenn du joggen willst, geh ruhig. Ich tobe mit Füchslein. Das mach ich auch sonst fast jeden Tag.“

Iris dankt dem Jungen, ruft dem Hund noch ein „Bleib!“ zu und beginnt langsam und gleichmäßig vom Ufer weg zu laufen. Vor etwa drei Monaten ist sie hier zuletzt gewesen. Sie erinnert Spinnweben, einen Schopftintling, drei Hände hoch, dessen schwarze Zotteln tropfenförmig zu Boden drängten.
Das Hügelgrab ragt wie ein Inselberg aus dem Acker, die drei mittleren Buchen sind geschlagen, liegen in brusthohen Brennnesseln, auf Abholmaß gesägt, auf dem Grab eine Schneise hinterlassend.
Im Hintergrund das Wäldchen. Die Zwischenräume der Fichtenstämme wirken von weitem wie senkrecht stehende Schlitze. Spuren von Schweinen führen über den Weg. Daneben im Matsch enden plötzlich Schuhabdrücke. Der Weg ist aufgewühlt und hart. Iris benutzt im schwächer werdenden Licht den bewachsenen, sichereren Feldrand neben Steinhaufen

und vergessenen Bohnenkernen, Hellorange zwischen lila Blattresten. Nicht lange her, und der Acker wäre vollständig abgelesen worden.
Leere Hülsen ringeln sich dünn und schwarz unter ihren Sohlen im Schnee. Eine graue Feder, von Einkristallen überzogen. Da, die Brunnenplatte ist verrutscht! Trotz der Kälte empfindet Iris im Gehen die Wasserkühle. Sie schreitet weit und zügig, atmet tief, bevor sie wieder umsichtig weiterlaufen wird. Ihr ist warm geworden.
Die Dämmerung nimmt zu. Nur noch ein paar Schritte sind es bis zum Wanderparkplatz, einem Halbrund, zur Straße geöffnet. Zwei Pfade gehen ab, die auf einer Karte beschrieben werden. Ein einziger Wagen steht dort.

Als Iris den Platz überquert, wird plötzlich die Fahrertür geöffnet, ein Mann, springt auf sie zu. „Du Luder! Dir zeig ich´s!“, will sie festhalten, greift nach ihrer Brust. Er? Was will er?! Warum? Er muss mich beobachtet haben, auf mich gewartet. Zerrt an meinem Ärmel. Ein Tritt! Sprint! Nur weg von hier! Vorsprung. Verstecken! Nach Hause! Hilfe! Auf den oberen Weg!, der am Wasser ist zu glitschig. Steine. Da, er kommt schon hinterher, hat sich schnell aufgerappelt. Seine Schritte im Laub. Ein Haus liegt dunkel am Hang. Zu spät dran gedacht! Keine Lichter. Wahrscheinlich öffnen die Alten gar nicht, wenn ich läute. Stehen im Flur. Mit angehaltenem Atem. Sei still! Wir erwarten niemanden. Wir öffnen nicht! So spät ist es doch nicht! Bloß weiter! Den Koppeldurchlass erreichen! Der Weg zwingt ihn zur Langsamkeit. Tritt zu finden. Zwischen den Baumwurzeln, zwischen dem von ihnen gepressten Geröll. Der Abstand ist gering. Leise! Zum unteren Pfad, es geht. Sicher. Er über mir. Ruhig! Unmerklich zwischen die ausgeschwemmten Wurzeln gleiten!, und warten. Er sucht. Halt! Wie weiter? Die über das Wasser hängenden Erlen bieten auch ohne Blätter in der Dunkelheit Schutz. Soll er sich das Genick brechen!

Stärkerer Wind, geräuschvoll leise Laute übertönend. Im schwachen Mondlicht sind weißliche Kräusel, gefroren, weiter draußen auf dem See zu sehen. Los! Er wieder oben, greift nach den Ästen. Sie brechen und knacken. Die Buchen mit Augen wie Totempfähle verraten ihn mir. Wurzelne Treppen! Moosiger, eisiger Grund! Fasst ihn! Versteckt mich, ihr Stämme! Verzweigt euch! Ein Sitz zwischen Ästen, ein Rüssel, der mich hält. Leise, leise! Er kriecht dort, ein Stück weit. Rutscht ab. Bleibt liegen. Schnell weiter! Komm in meine Wurzelhöhle und verweil ein wenig! Hinein in den hohlen, modrigen Stamm! Ruhig, ganz ruhig, mein Blut! Der Wind durchwühlt das starre Laub. Er auf dem unteren Weg. Sein Suchen. Schwer atmend, sein Keuchen, alles verschlingend und das leichte Zittern seines Wangenmittelbereiches beim größtmöglichen Öffnen des Mundes für riesige Bissen!

Eine Armlänge entfernt hastet er vorbei, laut fluchend. Als Pfad nur die knotigen Finger der Bäume. Er stolpert. Fängt den Sturz ab. Er legt nicht den Kopf in den Nacken, ahnt nicht den Eimer am Ast. Vom Sommer der Kinder und jetzt voller Wasser und Eis trifft er den Kopf mit Wucht. Er fällt. Liegt reglos. Noch im Sommer plante er einen Urlaub in der Schweiz. Zu zweit. Sessellifte, wir werden wandern. Ich werde nicht fahren! Ich bin nicht gefahren! Er hatte noch auf mir gelegen. Und dann einfach die Hände um meinen Hals gedrückt. „Ich kann noch fester“, sagte er. „Nimm die Hände weg! Ich übergeb mich gleich!“ Das war das letzte Mal gewesen.
Er steht nicht auf, bestimmt ist er verletzt!
Ich muss Hilfe holen!
Hilfe?

„Na, Iris, ist es zum Laufen denn nicht zu kalt? Oder bist du nur mit dem Hund gegangen? Wie schön, dass du mich besuchen kommst!“

„Ja, Oma, ich wollte noch mal frische Luft schnappen. Gelaufen bin ich schon."
„Ein Fliederbeergrog wird dir guttun, du siehst ziemlich fertig aus. Komm in die Küche. Erzähl mal, was du so machst. Weißt du noch, als Großvater noch lebte und du noch zur Schule gingst, sagte er immer zu dir: „Iris, lerne! Dann such dir Arbeit in der Sparkasse. Dort ist es im Winter warm, und die Arbeit ist sauber. Er kannte die Arbeit als Bauer und in der Ziegelei."

Die Küche ist sehr sauber und sehr aufgeräumt, in Beige-Olive-Tönen gehalten, der Elektroherd kalt und abgedeckt. Früher stand hier der Allesbrenner, und wenn Iris zu den Großeltern hereinschaute, versprach der feuerfarbene Topf beständig Suppe, wie es sie nirgendwo sonst mehr gibt. Ihre Mahlzeiten nimmt die Großmutter sehr früh ein, um zwölf Uhr hat sie sich meistens schon zum Schläfchen hingelegt. Eine Gewohnheit aus landwirtschaftlicher Zeit, die lange zurückliegt. Iris ist es unklar, ob es sich um ein Festhalten am Gewohnten oder um ein bewusstes Abarbeiten eines notwendigen Tagesplanes handelt.
Neben dem Küchenschrank hängt wie jedes Jahr ein Abreißkalender der Sparkasse, eine Stadtansicht.

Der Saft dampft in den Gläsern. Einfach nur dasitzen. Der Hund hat sich zu ihren Füßen zusammengerollt. Die Gedanken laufen lassen. Sollte sie vielleicht doch jemanden verständigen? Iris hört die Großmutter erzählen. Von Kindern, die im Nachbardorf trotz Verbots den Steilhang der Sandkuhle betreten haben. Zwei hat der fließende Sand begraben. Bald schweigen beide, trinken in der Stille den Grog, Iris entspannt sich merklich.

„Mutti, hast du noch 30-Grad-Wäsche? Hell? Eine Maschine hab ich schon gewaschen. War´s nett bei Anni?", ruft Iris der Mutter zu, die gera-

de die Todesanzeigen im Kreisblatt liest. Wenn sie dann erfährt, dass junge Menschen, Kinder gestorben sind, fühlt sie sich sehr traurig. Auch, wenn sie ihr unbekannt waren.
Ihr Mann verfolgt ein Länderspiel, Fußball, im Fernsehen. Übertragung und Empfang sind tadellos, das hat es schon lange nicht gegeben, ein Anlass zur Hoffnung.

Das Wochenende über herrscht nasskaltes Wetter mit abwechselnd Graupel und Sprühregen, nachts etwas Frost. Die feste Eisdecke des Sees reißt, Spannung entlädt sich durch Knallen, Peitschen und Surren. Dort, wo der Fluss den See quert, klingen die sich aneinander reibenden Eisstücke wie die Niethämmer früher auf der Werft, von weit her. Oder wie das leise Tuckern von Dieselmotoren. Erst die Nacht zum Montag bringt eine Wetterberuhigung, und Iris kehrt in die Stadt zurück.

Ein Rentner aus dem Dorf, der seinen Hund spazierenführt, findet morgens den Toten und verständigt die Polizei. Später fährt der Leichenwagen vom Wanderparkplatz aus durchs Dorf. Ein paar Frauen und Männer blicken ihm nach und stecken die Köpfe zusammen. Vor dem Feuerwehrgerätehaus warten lärmende Kinder auf den Bus. An den Fenstern des Jugendraumes rollen jetzt nach den Ferien die Engel die Flügel ein und kriegen Schwänze und Mösen gemalt.

„Guck mal, Iris, die Wolken türmen sich heute wie ... ja, sie bauen Haufen, die sich dann wie dicke Eisstränge lösen." Die Großmutter begeistert sich an den Wolken, der Sonne, dem glatten Seespiegel und an den Schwärmen kleiner Fische, die sie hier, vom Steg aus, im Sonnenlicht flitzen sieht. Ein kleines Köpfchen bewegt sich leicht schräg gestellt über die Wasseroberfläche auf sie zu. Wenige Meter vor den Holzbohlen biegt die Ringelnatter zum Ufer hin ab und verschwindet lautlos in einem Gebüsch. „Wie eine kleine Königin", flüstert die alte Frau.

Iris blickt noch lange auf die Stelle, an der sie die Schlange zuletzt gesehen hat. Dann setzt sie sich vorsichtig, durch ein Rascheln aufmerksam geworden, mit dem Rücken zum See. Ein Teichrohrsänger huscht durch das Schilf, ein Rohrschwirl ist zu hören. Schade, denkt sie, dass der Sprosser seinen Gesang Anfang Juni einstellen wird.

„Was wollte der Kommissar eigentlich genau von dir wissen?", fragt die Großmutter sie von hinten. Iris pfeift den Hund, der gerade eine Entenmutter mit ihren Küken aufgescheucht hat. Im letzten Sommer hatte sich ein Urlauber aufgeregt, als das Füchslein Vögel verbellte. „Hunde nicht erlaubt!", machte er sie auf das Schild aufmerksam.
Sie wendet sich der Großmutter zu. „Er fragte noch einmal nach unsrer Beziehung, wann begonnen, wann und warum ich sie beendete. Ich stehe eben unter Verdacht, weil ich seine Freundin und Arbeitskollegin war und weil beim Durchgehen seiner PC-Daten in Verbindung mit wiederholten Beschwerden der Zusatz SIRI mehrfach auftauchte, Iris ist dann naheliegend. Mehrere Firmen hatten Regressansprüche gestellt, da sie über Wochen falsch beliefert worden waren. Unsere Geschäftsleitung meinte, er hätte diese Fehler abstellen können und müssen, hätte er sorgfältiger gearbeitet und kontrolliert. Außerdem habe er ihr gegenüber mehrfach geäußert, dass ich ihn bewusst mit falschen Informationen versorgt und seine Daten manipuliert hätte. Dabei kannte ich nachweislich nicht einmal seinen Code! Einem Arbeitskollegen schickte er, kurz nachdem ich ihn verlassen hatte, eine Postkarte mit einem Hinweis auf mich. Eine ausführliche E-Mail kündigte er darauf an. Der Kollege erhielt sie aber nie. Auch bin ich am besagten Abend draußen gewesen, habe den Jungen getroffen, dich besucht. Mit zeitlichen Lücken."
„Sag so etwas nicht!"
„Da die Geschäftsleitung für den Fehler den Kunden gegenüber nicht aufkommen wollte, sondern ihn verantwortlich machte, wies er mir die

Schuld zu. Ihm drohte die Entlassung. Ich habe das alles erst gestern von der Polizei erfahren."

„Könnten es denn Computerfehler gewesen sein?"

„Ich weiß es nicht."

„Aber warum hat er dich nicht selbst angesprochen? Im Betrieb zum Beispiel. Warum ist er hierher gekommen, hat dich aber nicht aufgesucht? Oder seid ihr den Seeweg früher mal zusammen gegangen. Dass er sich erinnern wollte?"

„Ich weiß es wirklich nicht. Lass uns gehen. Komm, Hund!"

„Gut, machen wir Schluss damit", hatte der Kommissar gemeint. „Falls Ihnen in dieser Sache noch etwas einfallen sollte, rufen Sie mich bitte an. Die Ermittlungen haben nichts weiter erbracht, als dass es sich um einen Unfall handelt. Eine Verkettung unglücklicher Zufälle."

Und dann äußerte er sich lobend über die schöne Landschaft und fragte, ob die Bäume am See unter Schutz ständen. Bisher hat aber niemand Interesse daran gezeigt.

Dithmarschen

Blutmond – 14.6.2022

1
Über der wenig befahrenen Straße
allgegenwärtig
die blinkenden Lichter der Windstromanlagen

Deren Flügel
Schlag auf Schlag auf Schlag auf Schlag
fetzen die Scheibe des Supervollmonds

Sie hacken Segmente
geometrische Formen
        aus dem Mond
        über dem Mond
        um den Mond

Sein Blutrot
sammelt sich hinter der nächsten Biegung
seine Kräfte neu zu bündeln

2
Nicht die Maus
diese Nacht überlebt die Eule

Auf der Seitenlinie am Straßenrand
als kenne sie die Regeln des Verkehrs
hockt auf einem Bein regungslos die Eule
den Blick in Richtung des sie blendenden Fernlichts

gewandt
Die Maus war nicht zu retten
doch für diese Nacht fliegt die Eule
mit der Maus in der Hand lautlos weiter

Am Eidersperrwerk

Auflandige Wasserlaute
lassen Schlick
zwischen den Zehen
erahnen

zufällig
paaren sich Blutegel
an Land
auf Rosenblättern

während Zwllingslämmer
schwänzchenschlagend
saugen

Abendsicht vor Hiddensee

Schleiertänze fransen ziehen
Sie gebieren Wolkenschlieren
Himmel schimmert schwanenweiß

Schatten spreizen ihre Flügel
dehnen Farbverläufe plätten
glätten alle Boddenwellen

Zum Greifen nahe Wolkenschicht
Flamingorosa sputet sich
spiegelt fliederfarben wider

Mit gelbem Rand am Horizont
baut sich Gebläu des Abends auf
Sonnenriss durch Bäumekronen

Waldesschwärze trennt
Rosenhimmel Restgelichter
Dornbuschfeuer
brennt

Dornbusch ist der Leuchtturm mit der amtlichen Bezeichnung Leuchtfeuer Dornbusch/Hiddensee auf der Insel Hiddensee.

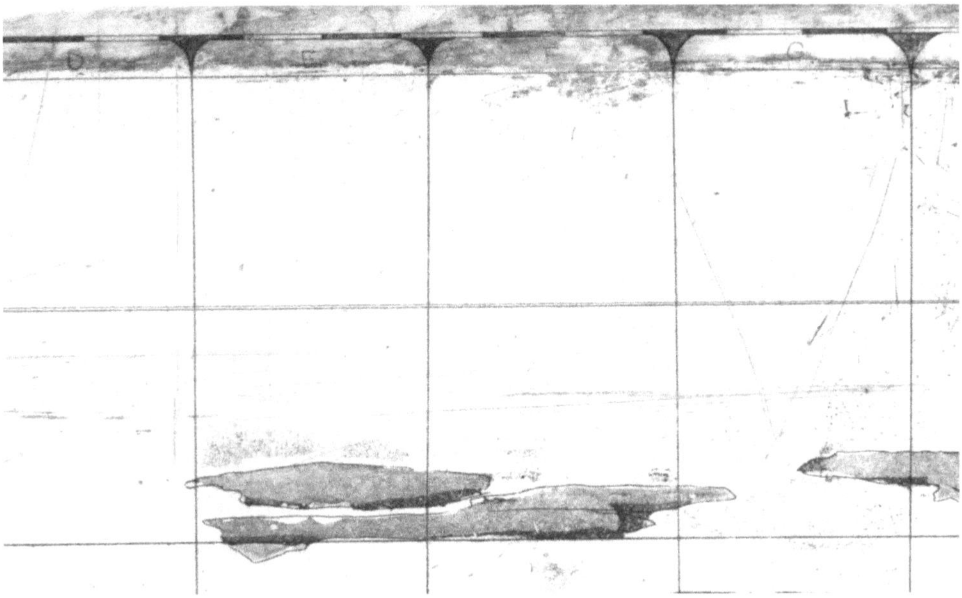

Heiter in Iwonicz-Zdrój im Tal

Hotel „Glorietta“ mit Tanz und Kaffee
die Freude am Rhythmus der Wörter
am einzelnen Wort poetisch gesprochen
melodische Sätze Gelächter
getanzt und gesungen im Tal

Die heitere Freude in der Bewegung
im Lächeln im Austausch des Blicks
im Kreisen Berühren zwischen den Hängen
im Boden versickert das Lachen
benetzt selbst die Steine im Tal

Zwischen die Bäume kullert das Lachen
gluckst farbig die Stämme hinauf
perlt ab an den Blättern im Baumgefieder
rinnt gicksend und tropfend die Rinden hinab
Das Lachen verdunstet im Tal

Iwonicz-Zdrój ist ein Kurort in den Niederen Beskiden in der Woiwodschaft Karpatenvorland im Südosten Polens.

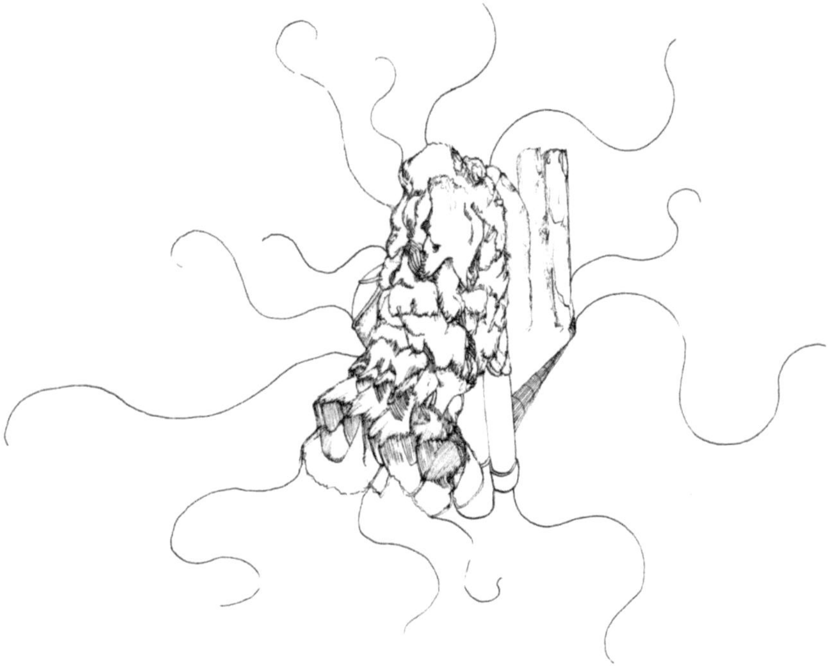

Pentene, Island

In der Nähe des Eltborg steht ein Berg wie eine trägerlose Corsage über einem weiten Tüllrock, mit dem Geruch nach Wasser und gelbem Staub. Eben ist die Frau noch da gewesen. Der Widder hat neben ihr gesessen, sie haben sich gegrüßt. Ein paar Schritte bergab, und sie ist weg. Nein, dort zwischen den Gräsern bewegt sie die Arme und den Oberkörper, als wolle sie in die Erde steigen, sie, die stets Junge und Alte zugleich, seit Anbeginn am Ort.

Der dreifarbige Widder senkt sein schwarzes Haupt und beäugt die Lämmer mit den hellen Köpfen und sieht, wie Pentene, dieses Wesen der Insel, gähnt und sich in den nachtlosen Sommer reckt. Sie krault dem Drachen das Kinn, der seufzt, so dass die Winde lispeln. Pentene zwängt sich in einen Spalt. Das rumpelt ganz leise, aber es rumpelt, und Matthea, die das Moos in kleinen Löchern reihig auf Lavablöcken wachsen lässt, befürchtet zusätzliche Arbeit. Denn Matthea räumt auf. Mathea weiß, dass überall Lava ist, alles kommt aus der Lava, alles wird zu Lava, in allen Formen, mit Löchern und ohne, in allen Feuerbogenfarben, rot und gelb wie die Erde. Matthea versorgt alles runde Gestein, ihr Mann Ingimar ist zuständig für die eckigen Brocken.

Seit die Insel auf der Grenze zweier Kontinente geboren wurde, bricht sie auseinander. Manchmal zerrt Pentene an den Teilen, drückt sie zusammen oder schiebt sie donnernd aneinander vorbei. Dann glost die Lavaklaue vor der Feuerzunge.

Pentene hält die Farben des Feuers fest, rührt Sturm hinein und Stille. Säulen und Schichten erstarren zu Fels. Sie wirft mit Steinen, jongliert, übt sich im Kraft- und Weitwurf. Matthea und Ingimar haben zu tun. Einen Gletscher nimmt Pentene in die Hand, er ruht, tropft ihren Arm entlang und rinnt.

Mit den Dunkelelben legt Pentene unterirdisch ein gutes Stück Weg zurück, tritt aus einer Kluft bei der Feenkirche heraus und steht und staunt; denn wo es keinerlei Anfang gibt, nur eine Mitte, die das Gleichgewicht stützt, wo Wolken und Gletscher ineinandergehen, mäandriert ein Fluss hindurch und stürzt tosend die Klippen hinab, hinunter in hellgrünen Flechtenbewuchs. Da! Gerade löst sich Elin aus der Gischt, steigt aus ihr empor, Elin, die eine Elfe ist, nur bewacht von den Rabeneltern in ihrem Obsidiangefieder.

Wolkenverhangene Gipfel, dunkle Bergflanken und Seen, Jon durchwandert das Gebirge. Von weit her kommt er, barfuß über weiches und über hartes Land. Lang ist der Weg, den er vor sich hat. Jon, der die Bücher am Riemen über der Schulter trägt. Das Gesicht einer Säule im Basalt lässt ihn auf sich zukommen, eine Eule?, eine Frau? Geräusche, die Luft, der Weg des Dunstes. Den Hang entlang. Ein langes Band. Die Nebelfee? Pentene? Alles Böse vertreiben die Küstenseeschwalben!, doch er sieht keine. Elben und Trolle sind gut für Touristen. Oder? Wie überall. Wenn die Berge nur nicht so verhangen wären!? Ein Zwergbirkenwäldchen wäre schön, mit Gras. Lupinen davor. Oder ein Hohlraum unter der Erstarrungskruste, wenn darunter die Aschen ausgewaschen worden sind. So aber sucht Jon, der müde Jon, einen Platz auf Kissen und Fladen, von Matthea gestrickt, streckt sich zum Schlafen auf das Gestein, ohne den Riemen der Bücher zu lösen. Da liegt er auf bräunlicher Lava und nimmt nicht wahr, wie Matthea ihm gegen die kleinen eckigen Bröckchen, die Ingimar vergessen hat, Moos unterzuschieben versucht.
Die Träume kommen, die von den Ungeheuern im Fluss, die Tote fordern. Träume von Wörtern und Silben. Buchstaben, Piktogramme, unbekannte Zeichen, die auf ihn prasseln, ihn attackieren. In einer Sprache mit Klicklauten, die mensch lautgetreu schreibt. Sagen sie. Jon stöhnt ohne Worte, Pentene fliegt darüber hin, über die gepflasterten Trocken-

betten der Steinflüsse, gelb, braun, rot und schwarz. Kein Vogel regt sich über den Schattenbereichen mit schwarzweißem Schnee, über den konzentrischen Kreisen mit dunklem Rand, und Pentene lacht, ein wachfragendes Lachen wie Klappergerassel. Jons Ohren erreicht es nicht, zu fremd erscheint es ihnen. Er wälzt sich auf dem Stein, hört nicht das Schlaflied, das Elin den Tigerküken der Rotschenkel singt. Dann sitzt sie bei ihm, weckt ihn mit dem Märchen vom Seehundbalg, hier im Gebirge. Es rührt ihn zu Tränen, und Pentene hat nichts mehr zum Lachen und starrt. Wie das Wasser so das Ganze, Elins Augen leuchten gletschermäßig, und Jon verliert sich in der Lava, hat lange schon den Bücherriemen abgestreift. In der Lava Liebesworte, Liebesformeln, Liebesschwüre, im Rabenblick, am inneren See. Silbermöwendaunen füllen Lavabettenwasser, heiße Luft und scharfer Sand, schwarzer Grund mit Flechtenfilz, grüngrau.

Pentene verschreckt die Schafe unter der vom Frost aufgebeulten Grasnarbe, von der Katla kommend. Dahin, wo die Farben entstehen, alle Farben, das Rosa der Muscheln, das Enzianblau, Türkis und Violett, in Rauch und Gestank. Hier reifen die lichten Farben des Landes während der langen stürmischen Dunkelheit. Schon ist die Hekla vorbei. Drei Raben erwarten auf einem Bulten vorm Haus drei Männer mit Rabenbälgern und Pferden. Pentene treibt diese vor sich her durch Blockmeere, Geröll und Ströme, die den Sand mahlen, in den Krater und tiefer, die Reiter und Pferde. Sie kreiselt sie zum Grund, bis die Fontänen steigen und nur die Raben bleiben.

Pentene spielt ihre Orgel, sie schlägt in die Tasten aus Säulenbasalt, dass es in sämtlicher Lava widerhallt, wunderbar, schön, auf jeden Fall laut. Matthea und Ingimar eilen eiligst hierher, ihrer Arbeit nachzukommen. Doch Wolken an Bergesrücken hemmen ihren Lauf. Grollendes Achselzucken der Erde hindert sie, anderes zu tun, als ihnen bestimmt ist. Mit wachen Papageientaucheraugen in den fleischigen Gesichtern warten sie auf ihre Gelegenheiten.

Geschwinder als Winde sollte sich nichts auf Erden bewegen, und die windfarbenen Pferde fliegen pfeilschnell und weich. Wenn Elin das Bein über den Pferderücken schwingt, blickt Jon ins Paradies, in himmlische Verheißung.

Jon ruht mit geschlossenen Augen in der Sonne und zaubert durch ein weiteres Senken der Lider alle Farben zwischen Regenbogen und Nichts herbei. Doch er glaubt dem blauen Himmel nicht, der täuscht. Jon nimmt die Bücher und folgt den von Feuchte fein benetzten Federn auf dem Weg. Durch umgebrochene, aufgepflügte Lavafelder, geeggt und bestellt mit Sand, mit Flechten, Moos, mit Hexenringen und Steinewachsen. Durch kalte stürmische Wüsten mit Decken bunter Aschen. Da steht die rote Nebelhütte! Und da, die Tür im Berg, die grüne Tür! Verschlossen. Verschlossen das Muster im Rasen. Verschlossenes Paradies! Versprechung der Elfe, Elin! Verzaubert. Verzaubernd. Elin trägt, wo der Hut nicht passt, sanfte karamellfarbene Haut. Jeden Abend geht sie nach dem Bade, und morgens ist die Haut, ist sie wie neugeboren.

Die Stromleitungen verlaufen oberirdisch, und die Silos der Farmen enthalten keine Märchen. Durch große Nissenhütten springt der Bach, dort, wo die ältesten Schichten, nichts als Lava gewesen, Basalte und Sand, die wenigen verlassenen Gebäude einkreisen.

Und Lava ist alles. Und weiße Wollgrasflusen, wie die Schafe in den Steinhäusern. Oder die Puffins in der Höhle. Verschwinden. Ein Regenpfeifer rollt den Weg entlang, Ablenkung, Täuschungsmanöver. Mit ihren makellosen, den blendendweißen kleinen Zähen beißt Elin dem Küken den Weg frei, und am Látrabjarg fliegen die Federn, steigen weit über die Klippen empor. Das Blau strahlt blauer als blau. Elin trägt den kleinen Frauenmantel und wartet schon. Das mit den Elfen ist nämlich ganz anders, da, wo aus Luft und Kuckucksblau, aus klarem Wetter und Wasserstieben die Elfen unter den strahlenden Blicken des Rabenpaares Gestalt annehmen.

Im Schwemmland und in Küstennähe mäandrieren weithin die Flüsse, mehr Pferde und Reiter werden gesichtet. Jon, der dunkle Jon, hat ein Haus für sich und die Bücher gefunden. Dazu eine Frau, zart und schlank und blond und blau. Die Augen ihrer Kinder leuchten wie Vergissmeinicht, wenn sie eine Motte zum freudigen Spiel erhaschen. Jon hat, was er braucht. Im Honigduft des wilden Klees. Er lebt am roten Strand, am Meer, das kommt und geht. Jon liest die Bücher und die Zeichen bei Ebbe im Sand. Zeichnet sie nach, das Orakel, die Weissagung aus den Rautenmustern. Die Robben blicken ihm dabei über die Schulter.

Pentene, längst hat sie sich beruhigt, streut alle Farben des Rhyoliths und besucht während der langen, spärlich erhellten Nacht den Widder am Berg.

Kaliningrad
– für meinen Vater und für Ulla: Königsberg bedeutete beiden Jugend

Verzauberte

Apolonia Sujewa dichtet
Alte Pillauer Landstraße 41a
die Mutter reicht Moskauer Schokolade
aus der Fabrik Roter Oktober

Stadt

mit doppeltem Boden
am Baltischen Meer
mit Kiefern
lebt

Von der Kälte und der Wärme

Wohlwissend, dass in Omjakomsk schon minus siebenundsechzig Grad Celsius gemessen wurden, in der Antarktis einmal sogar minus achtundneunzig, berichte ich hier anlässlich der – verglichen mit den eben genannten Temperaturen – lauen Kälte in einem Haus im kontinentalen Klima Mitteleuropas und wie ich ihrer Herr wurde.

Nach Jahrzehnten ohne Heizarbeit und ohne Gedanken an sie bezog ich für einige Zeit im Winter ein seit Monaten zum Verkauf, vermutlich Abriss stehendes altes und nicht saniertes Haus mit zentralem Kachelofen. Sofort nach dem Eintreten überfiel mich der Wunsch, mich schnellstmöglich aus der in diesem Haus herrschenden klammen Kälte zu befreien. Und während ich durch die völlig ausgekühlten kleinen Zimmer ging, erinnerte ich mich daran, dass es in der kalten Jahreszeit unter der Woche, wenn wir Kinder aufstanden, nur in der Küche warm gewesen war, von der Mutter eingeheizt, bevor sie zur Arbeit eilte. Vater schürte winters am Sonntagmorgen die Öfen von Küche und Kinderzimmer, später das Wohnzimmer, das war sonntags der wärmste Raum in der Wohnung. Der Nachmittagsspaziergang in den Park, an den Fluss, immer jedoch durch den Ort und an den Auslagen der Geschäfte vorbei, viele Bekannte artig grüßend, war obligatorisch, und bevor wir das Haus verließen, wurden Briketts auf die Glut im Wohnzimmerofen gelegt, um die Wärme zu speichern. Aus der Nasskälte zurückgekehrt, lobten wir die wohlige Gemütlichkeit im Raum, in dem wir spielten, zuweilen von einer Blockflöte begleitet sangen, oder ein jedes Familienmitglied beschäftigte sich mit Eigenem, vor allem mit Lesen und Basteln. Und im Ofen wurde sofort wieder nachgelegt, das Feuer lebte, tönte dumpf, manchmal pfeifend und strahlte. Für uns Kinder bestand immer eine mögliche Verbrennungsgefahr im Bereich der nicht isolierten Ofentür und ihres Griffes. Da

der Ofen neben der Zimmertür plaziert war, ermahnten die Eltern uns, langsam am Ofen vorbeizugehen und nicht zu drängeln oder zu toben.
Der Gang ins nicht beheizbare Badezimmer und zur Toilette, ins noch leicht erwärmte Kinderzimmer oder in die Küche mit dem trotz Elektroherdes aktiv genutzten Allesbrenner, durch den kalten Flur störte die Wärmekonstanz in der Stube. Die Erwachsenen hielten uns an, nachdem wir durch die geöffnete Tür geschlüpft waren, diese sofort wieder zu schließen.

Der Geruch nach Kohle, Staub und Verbrennen - in den Straßen besonders bei Nebel als Gestank - lag wahrnehmbar in allen Räumen. Nur das Elternschlafzimmer, unbeheizt und seltenst von einem Kind betreten, war davon ausgenommen. Hier halfen nur Wärmflaschen, das Eisige aus den mit Flanellwäsche bezogenen Betten zu vertreiben.
Zufällig betrat ich eines Sonntagabends zur Schlafenszeit leise das Wohnzimmer, um Vergessenes zu holen. Da saß meine Mutter strickend, die Restwärme nutzend, auf dem Ofen, entzog schnell das zu fertigende Textil meinen Blicken und erkundigte sich nach meinem Begehr. Am Heiligen Abend entdeckten wir, dass sie, sich solcherart wärmend, große Teile unserer Weihnachtsgeschenke, Wollpullover, gefertigt hatte.

Das Schulgebäude damals heizte der Hausmeister Herr Giguschke, Flüchtling und Versehrter des 2. Weltkrieges, unterstützt von Herrn Rosenfeld, die sich beide auch um Schnee und Eis auf dem Schulhof kümmerten. Sie warnten uns davor, die Heizkörperventile in den Unterrichtsräumen zu öffnen: Achtung! Verbrüh-Gefahr!, wenn aus dem Keller die Klopfgeräusche des kochenden Wassers nach oben drangen und uns ängstigten.

Im separat ausgewiesenen Kohlenkeller des alten Hauses lagerte ein Tagesvorrat Feuerung in Form von Holz, Eierkohlen und Briketts, viel Kohlenstaub, ein wenig Spanholz im geflochtenen Körbchen neben der Verandatür und die versprochenen Holzscheite, durch die Nachbarschaft aus dem vormaligen Ziegenstall, dem späteren Holzschuppen, stark dezimiert. Die Kohlenschütte und der Brikettträger wie auch ein Paar alte Gartenhandschuhe befanden sich noch in der Küche, von der aus der Kachelofen gespeist wurde. Die Feuerzange allerdings fehlte.

Auf den sauber geputzten Rüttelrost des Kachelofens, umgeben von Schamottsteinen, legte ich drei dickere Holzscheite, darauf ein paar handlichere und über Kreuz Spanhölzer für das Vorfeuer. Zum Glück erwies sich alles Holz als gut durchgetrocknet. Bestimmt war es vor Jahren von denen, die hier gelebt hatten, sorgsamst gestapelt worden.

Das erste eigenverantwortlich gemietete Zimmerchen, ehemals für's Dienstmädchen, lag einhundertundachtzehn Stufen hoch und direkt unter der Giebeldachecke eines alten Bürgerhauses. Der Ofenrohranschluss zum erkalteten Schornstein, der sich ebenso wie ein Stützbalken vor der einzigen senkrechten Wand des – eigentlich Verschlages - befand, war zugemauert, so dass nur über eine der beiden sensiblen Steckdosen ein elektrischer Heizlüfter für Wärme sorgte. Dessen Kabellänge reichte gerade aus, um ihn in der Zimmermitte zu positionieren, damit ich am Tisch sitzend oder auf dem Bett liegend warme Luft zugefächelt bekam. Außerhalb dieses sehr geringen Wirkungsbereiches blieb es kalt, ein Kühlschrank überflüssig. Eine Außenwand zeigte im Februar Eisblumen, wie ich sie in Kindertagen an den Fenstern bewundert hatte, deren zugige Ritzen mit Papier und textilen Schlangen abgedichtet worden waren. Im Schlaf versehentlich die eisige Wand zu berühren, bedeutete munter

zu werden und wegen der Kälte lange nicht wieder einzuschlafen zu können.
Ein Wasserhahn in der Nähe meines Zimmers spendete nur kaltes Wasser für uns fünf Studentinnen, die auf diesem Dachboden hausten, froh darüber, eine günstige Bleibe gefunden zu haben, wenn auch nicht zum langen Tagesaufenthalt geeignet, weder winters noch sommers. Aufgewärmt und gearbeitet wurde in Universitäts-Räumen.

Ausreichend Luftzufuhr!, rief ich mir ins Gedächtnis. Also die Ofentür nur leicht anlehnen, abwarten und in das sich entfaltende Feuer schauen. Das Feuer brannte! Erste spürbare Wärmestrahlung durch das unterste Schiebegitter des Kachelofens. Ich setzte mich, immer noch im Mantel, direkt davor. Ein plötzlich auftretender Geruch, ganz leicht nach Fußschweiß, wies mich auf die Verschmutzung der obersten Platte des Ofens hin. Eine neue Erfahrung für mich, denn mit einem Kachelofen hatte ich bislang nie zu tun gehabt wie auch nicht mit Holzpellets und -briketts anstatt Kohle, die es für Hausbrandzwecke derweil aus Gründen des Klimaschutzes nicht mehr zu kaufen gibt.

Zwischenzeitlich kletterte ich auf den Ofen, um der Länge nach die stetig zunehmende Wärme zu genießen, und ich bemerkte, dass meine Augen sich gegen den parallel zum Feuer entwickelnden Feinstaub durch vermehrte Tränenflüssigkeit schützten wie auch mein Rachen durch Abhusten.

Von großer Kälte und den damit verbundenen Gefährdungen hörte und las ich immer wieder in Verbindung mit Naturkatastrophen oder Kriegen, wenn Menschen den Unbilden des Wetter – gleich ob großer Kälte oder Hitze – schutzlos ausgesetzt sind. Nach großen Verwüstungen wie den Folgen extremer Stürme mit Überschwemmungen, denen von Erdbeben und Vulkanausbrüchen, Lawinenabgängen, Erdrutschen flüchten die

Menschen, versuchen in Sicherheit zu gelangen, aber auch weitere Opfer zu bergen. Rettungskräfte verschiedenster Organisationen, hilfreich dabei ein zentraler Koordinierungsstab, versuchen, den Betroffenen Schutz und Wärme zu bringen, Zelte und Decken; es sind immer zu wenig. Und Solidarität. Die allerdings nicht verhindert, dass Frierende, Kinder und Erwachsene, vor bitterer Kälte permanent an Kopfschmerzen leiden, nicht entspannen oder schlafen können. Dennoch bedeutet Solidarität ein ganz klein wenig Trost und Hoffnung, auch wenn Hände und Füße gefühllos sind, blau gefroren und Berührungen der Haut Schmerzen verursachen, die den Leidenden nur genommen werden können, indem die Glieder sehr langsam in höchstens Körpertemperatur warmem Wasser oder unter Kleidung erwärmt werden. So wie Halbverhungerte, wenn sie wieder ausreichend essen könnten, anfangs nur kleinste leichtverdauliche Portionen Nahrung zu sich nehmen dürfen. Äßen sie sofort große Portionen, könnte dies für sie lebensgefährlich werden. Meine Generation ist noch mit solchem Wissen groß geworden.

Unfassbar, wenn in Kriegen Kälte als Waffe gegen die Zivilbevölkerung eingesetzt wird, indem Aggressoren in den kalten Monaten die Versorgungseinrichtungen der überfallenen Menschen zerstören. Über lange Zeit winterlichen Temperaturen ausgeliefert zu sein und beständig Angriffe fürchten zu müssen, das lässt Trauer und Verzweiflung entstehen, führt zu Verrohung und Wut. Diese unermessliche Kaltherzigkeit der Angreifer lässt Menschen erkranken und todtraurig werden, mit unabsehbaren Folgen.

Ich gehöre zu der Generation, die in ihrer Jugend von der Erderwärmung nur am Rande erfahren hatte, die zentral klimatisierte Räume als Neues und Luxus zu schätzen wusste, die Kälte kennt, jedoch selten unfreiwillig unter ihr gelitten hat, der der Geruch nach Hausbrand, offenem Feuer und getragener Winterkleidung auch in geschlossenen Räumen bis heute vertraut ist. Kälte, die durch behagliche Wärme abgelöst wird, ist uns sattsam bekannt.

Endlich waren keine Flammen mehr auf der Glut zu sehen, endlich konnte ich nachlegen! Ein weiteres Scheit. Dann Kohle. Es dauerte noch, bis sich im alten Kachelofen eine solche Hitze entwickelt hatte, dass Wohnzimmer und Küche behaglich durchgewärmt waren. Da fiel mir auf, dass ich diese beiden Räume mittlerweile als eine Wohn- und Wärmeeinheit betrachtete und dass ich nur die Tür des Schlafzimmers vom Wohnraum aus zu öffnen brauchte, um warme Luft einströmen zu lassen für angenehmes Schlafen. Im Prinzip, wurde mir klar, kam ich mit weniger Platz aus, als ich im bisherigen Erwachsenenleben beansprucht hatte.

Vorm Schlafengehen versorgte ich noch ein letztes Mal die Glut und hoffte inständig, dass kein Kohlenmonoxid austreten würde, denn auf Geheiß des Hausverkäufers hatte der Kaminkehrer seinen Besuch für das laufende Jahr abgesagt.

Menschen und Schatten

An manchen Tagen herrscht die Sonne solcherart
dass Menschen sich an ihren eignen Schatten stoßen
Sie ecken an den Schatten der sie umgebenden Gegenstände an
an denen der anderen Menschen
unfähig den Schatten auszuweichen

Die Schatten drängen die Menschen hinaus ins Freie

Auf ihrem Weg
lanzettblättriger Spitzwegerich
        sie stechen sich an seinem Schatten
schnurgerader Schatten des Drahtes
        sie schneiden sich
der Schatten des abgeblühten Ginsterbusches
        sie reißen sich Wunden

Weiter stürzen die Menschen aus der Stadt
eine Allee entlang
und lassen sich dort
von den petrolfarbenen Schatten der Kastanienenblätter
im Sommerlicht
ergreifen

Wir sind umgezogen

Wenn ich die Widrigkeit beim Namen nenn, schreib zehn
statt bisher einen Satz, und du wirst sehn, dass du das Recht
nicht lesen kannst. Sein Wesen
wurde ganz normal borniert ins Gegenteil verkehrt.

Bilanzen, Kriegsergebnis, Gen-Gesetz –
die Spannung des Gestrigen
ertrag ich leichter in Form alternder Tageszeitungen.
Wir sind umgezogen.

Unser Haus wird von einer Hecke gemeiner Eiben umstanden. Die sollen
vor Lauschenden schützen. In unserem Garten
das Kraut wächst gut. Gänse wachen geräuschlos, nur
die großen Hunde beißen, und Böses bedeckt der Schnee.

Wer um Herberge klopft, wird mit Glockengeläute empfangen.
Der dreimalige Handschlag berechtigt zum Bleiben.
Unsere Waffen sind Bumerangs,
und den Kindern erzählen wir Märchen.

Spätsommerabend

Auf der Bank sitzen
im Duft reifer Äpfel
und gäriger Birnen

In Farben
zwischen Dunkelnassgrün
und abgeblühten Sonnenblumenfeldern

Die Brennnesseln
neben der Lärmschutzhecke
küchenfertig erntebereit

Ein Schopftintling durchbricht die Erde
braune Nacktschnecken verblühen Fliegenpilze
werden und vergehen

Drosseln beäugen den einzelnen Weinstock
sortieren die Reife der Beeren zielgerichtet
ein Stoß mit dem Schnabel

Hündchen schwarz mit weißen Pfoten
schnuppert staunenstrahlend
markiert reckt sich und schaut

Große Abendsegler
kinderfreudenschwalbenähnlich
fledern sie schnellen Flügelschlags

Vom Sichelmond steigt Wolkenrauch empor

Ahornblatt im Oktober

Der Ahorn benutzt vor allem Gelb,
Grüngelb, Braungelb, Rostgelb,
fingerspitzenspitz.

Ein Band Gedichte,
Afanassi Fet,
Balkon im Herbst.

Ein Blatt kann
mit Stiel
das Buch umfassen.

Ich gedenke
vergangener Herbste
und verwehter Blätter.

Afanassi Fet (1820 – 1892), russischer Dichter, Freund Lew Tolstois

Leoniden

Als ich aus dem Hause trete
in der Mitte des Novembers,
steht der Wagen auf der Deichsel,
und ein Sternenstaub verglüht.
        Der Wunsch gehört dem ersten Kind.

In der Freude noch verhaftet,
Farben steigen über Kiel,
seh ich einen Feuerpfeil. Doch
schnell verglüht das Aschenteil.
        Der zweite soll dem zweiten dienen.

Plötzlich leuchten zwei, drei Teilchen
gleichzeitig im Dunkeln auf.
Vor der Blauen Wiese wieder
einer. Dieser Wunsch ist meiner!
        Er wird mich ganz allein erfreun.

In den Zweigen der Kastanie
schimmern Sterne statt der Blätter,
Lichterpunkte ziehen Bahnen,
hängt das große Himmelszelt.
        Mit Wünschen komm ich gar nicht nach.

Geht es nach Gewicht und Menge,
Wünsche für die ganze Welt,
warte ich auf Feuerkugeln.
Alles Hoffen dieser Erde,
        weiß ich, ist droben angelegt.

Mit der Zeit verblassen Lichter.
Nur der Mond bleibt in der Form der
goldnen Barke. Und die Sternen-
wünschenebel leben
in dem blätterlosen Baume fort.

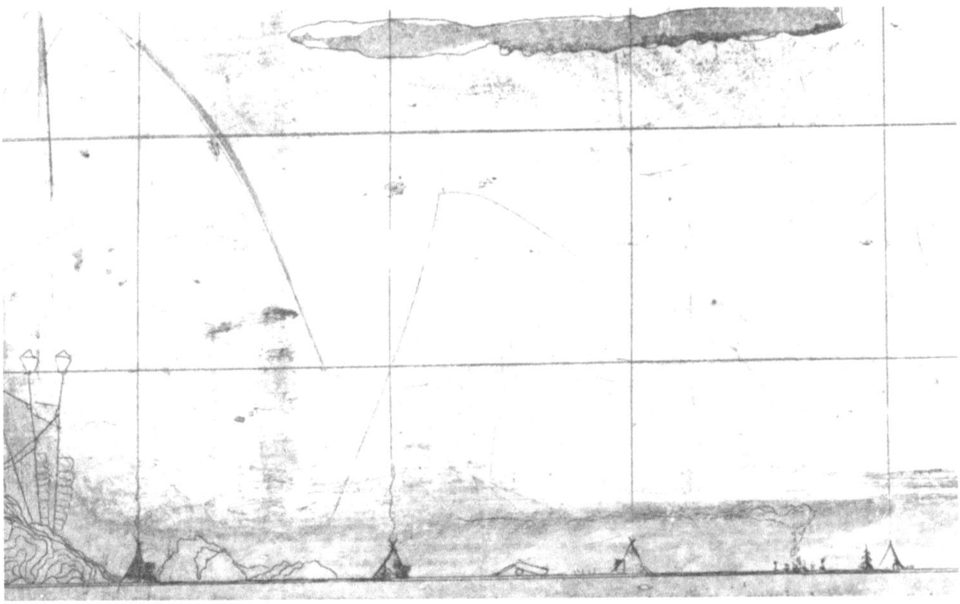

Blaue Wiese: Feuchtwiese, ehemaliger Seegrund des Westensees

Falls

Rosen stehen
in Reih und Rund

Rosen blühen
im Dezember

Falls Rosen
im Dezember duften

muss eine
die letze sein

Schläge an Dezember

Nimm Schaden an Seele und Leib
im schwitzigen Haus der Pfeffersäcke!
Nein, versuche
der Einwegspitzenmusik zu entkommen!
Über gefrorene Rolltreppen Schlittschuh zu laufen!

Nimmst Schaden an Seele und Leib?
Trag Lebenskuchen mit dir, Gewürze,
und spüre,
Winterschlaf wartet,
die Lichter als Raum!

Weihnachtsbrief

Mitte Dezember

Ihr Lieben alle!

Wie inzwischen Tradition, gebe ich euch auch dieses Jahr einen kurzen Überblick über das, was in den vergangenen Monaten für mich von Bedeutung gewesen ist.
Vorweg: Wären da nicht die klimakatastrophalen menschlichen Ignoranzen und die bedrückende weltpolitische Lage, ginge es mir richtig gut. Mann und Kinder sind wohlauf, es hat für uns weder nennenswerte Unfälle noch Krankheiten gegeben.

Unsere Älteste ist ausgezogen. Sie lebt in Flensburg in einer Wohngemeinschaft am Nordertor. Die Zimmerdecke ist so niedrig, dass sie nur im Türbereich aufrecht stehen kann. Sie will Lehrerin werden.
Die Jüngere besucht noch die Schule, hält sich selten hier auf. Wir sprechen ab und an zusammen, sie engagiert sich sehr. Auch hat sie eine kleine Landschildkröte angeschafft.

Hier am Ort findet der Ausverkauf des Teppichgeschäftes statt. Bedauerlich, wie ich meine, denn ich habe mich immer gerne dort aufgehalten. Jetzt könnte ich noch günstig etwas Schönes kaufen; aber das empfände ich als Leichenfledderei.
Unser Lebensmittelladen hat schon vor sieben Monaten geschlossen.
In einem Gottesdienst anlässlich einer Hochzeit von Freunden stellte ich fest, dass es mehr werden, die sich in der Kirche nach hinten setzen und nicht mitsingen.

Auf dem Bahnhof stand ich neulich neben einer fröstelnden Frau, die, klein, zierlich, schlank, ihre Füße, in eleganten Pumps, ganz exakt nebeneinander gestellt hatte, während sie wartete. Nachdem der Zug eingelaufen war, reckte sie sich mit durchgedrückten Knien, ging sogar auf die Zehenspitzen, die Schuhe immer noch völlig parallel. Als sie dann den, den sie vermutlich abholen wollte, entdeckt hatte, ging sie elf präzise Schritte auf ihn zu, lächelnd, die linke Hand am schmalen Riemen der schräg um den Leib gehängten kleinen Tasche. Mit einem Hauch von Kuss am Hals und ihrer Rechten nach dem Koffer des Mannes greifend, so sah ich sie zuletzt, bevor sie aus meinem Blickfeld verschwand.

Im Frühjahr gab es in der Nähe des Fischers einen schweren Unfall. Ein großer Wagen kam mit hoher Geschwindigkeit in einer Linkskurve von der Straße ab und prallte frontal gegen eine wohl über zweihundertjährige Eiche. Der Rindenschaden wirkt immer noch frisch, die Unfallursache ist unbekannt, keine Bremsspuren auf jeden Fall.
Im Laufe des Jahres habe ich viele rote Ampeln überfahren und nur zwei Strafzettel wegen Geschwindigkeitsübertretungen erhalten. Mein Auto fährt noch gut und bereitet mir viel Freude.

Gelesen habe ich viel in den vergangenen zwölf Monaten. Erwähnenswert bleiben Emine Sevgi Özdamar, Ulrike Draesner, Benedict Wels und Imre Kertész. Ich bin eine der treuesten Kundinnen der regionalen Fahrbücherei. Manchmal allerdings ekel ich mich vor den angeleckten öffentlichen Seiten.

Urlaub hatte ich auch, ich erkundete die Umgebung, stolperte auf der Ochsenkoppel über einen handgeschriebenen Einkaufszettel: Mineralwasser, Nuvara Elia, 1 kg Tomaten, 200 g alten Emmentaler, Basilikum, Obst, 150g luftgetrocknete Salami, Papiertaschentücher und hatte plötzlich das Bild nordischer Erratika vor Augen. Findlinge so von der Größe des Hesselager in der Nähe Svendborgs, den einst eine Riesin von der Nordspitze Langelands herübergeworfen haben soll. Die Fähre ist verkauft, weitere Ausflüge zur Insel sind ungewiss.

Manchmal denke ich an Auswanderung. Neulich träumte ich intensiv, dass ich mit Ziege, Katze und Hühnern in einer Hütte in wüstem Gebiet lebte. Ohne Handy, ohne Strom oder fließendes Wasser. Ein ruhiger Traum, beinahe angenehm. Aber was würde mit der Schildkröte unserer Jüngsten passieren?

Ich plane nur weniges. Die Tageszeitung, andere und und soziale Medien interessieren nicht mehr, die Bilder, meine Empörung und Ohnmacht verfolgen mich auch so.
Den Regierungswechsel habe ich wahrgenommen, ich hoffe.

Wie ihr sicherlich aus dem Wetterbericht wisst, wird es wieder keine weiße Weihnacht geben, das kennen wir ja schon. Gerne denke ich an den letzten Februar. Da hatte es so stark und anhaltend gefroren, dass ich über den See radeln konnte. Ein himmlischer Spaß und höllisch glatt!

Und in diesem Sinne denke ich an euch.

Februar-Zeit

Die Zeit ist Ende Januar
in diesem Jahr,
als Waldkauz und der Uhu singen
ihr Liebeslied auf leisen Schwingen.

Der Atem stockt, das Bein schläft ein
bei der Musik und Mondenschein.
Denn erst ab Anfang Februar,
wie jedes Jahr,
da soll das Uhubalzen sein.

Doch wird es wieder kälter,
das Jahr um Wochen älter,
erfriert die ganze Uhu-Balz.
Nur Waldkauz ruft aus vollem Hals.
Sein Weibchen legt ab März die Eier.

Das Haus der Zeit hat keine Uhr,
hat auch kein Uhrgehäuse.
Die Zeit ist ein Abstraktum nur,
und Vögel ziehen auf Werbetour
auch in der Nacht der kalten,
wenn sie es denn für richtig halten.

Den Krähen danke ich

Den Krähen danke ich.
Sie, vollendete Schönheit,
mutig und klug,
wie oft schon
warnten sie mich
rechtzeitig.

An ein Schwalbenpaar
von Angesicht zu Angesicht im Pferdestall

Ihr zwei Schwalben,
Ihr, ein Paar,
auf einem Balken sitzend,
unverwandt blickt Ihr mich an.

Wie sehnlich erwarten wir Menschen Euch
jedes Jahr voller Hoffnung, denn, so wird gesagt,
es bringe denen Glück,
an deren Häuser Ihr brütet.

Ihr zwei, mir gegenüber
zeigt Ihr wenig Scheu.
Aus welchem Grund
vertraut Ihr mir?

Nicht lange her, da besetzten Schwalben mit viel Gezirp
und Bewegung mehrere Nester im Stall.
Heute schaue ich mit banger Freude
die eine erfolgreiche Brut.

Ihr schwalbigen Eltern,
seid auf der Hut! Bleibt auf der Hut!
Die jungen Seeadler, Rohrweihen
schrauben sich empor.

Flügge sind Eure Jungen, der Stall dient nur als Basislager,
von wo aus sie sich versuchen, auf Maulhöhe des grasenden Wallachs
hinschießend, direkt an meinem Kopf vorbei.
So sind sie sie selbst im eigenen pfeilschnellen Tun.

Ihr schwalbigen Eltern,
seid auf der Hut! Bleibt auf der Hut!
Selbst ich verspreche nicht,
ihnen nicht zu schaden.

Instinktsicher wie die jungen Pferde drängen
Eure Jungen, ihre Geschicklichkeit schulend,
ihre Schnelligkeit verbessernd,
ihre Kräfte fordernd.

Ach, Ihr zwei Schwalben,
ein Lidschlag Ablenkung meinerseits
und lautlos
seid Ihr verschwunden!

Sehnlichst warten wir auf Euch,
denn mit Euch kommt das Glück, wird gesagt,
das wir so dringend brauchen,
unbedingt und große Mengen davon,

damit wir unser Elend überwinden, unsere Katastrophen
und die Traurigkeit darüber,
dass sich für aufgeklärt haltende Menschen
so gar nicht aufgeklärt verhalten.

Im Pelz des Pinguins

Während woanders die Mücken tanzen,
leuchten Polarlichter über antarktischen Küsten,
und Pinguin durchfliegt seine Welt.
In seinem Pelz verstecken sich Wanzen,
Geophysik- und Atmosphärenparameter werden observiert.
Priorität haben Hypothesen
über vermutete Fakten und Relationen.

Aus den fetten Federfluren
quellen die signifikanten Bewegungen
seismischer Zustände unter dem Meer.
Der Klang eines Eisbergs ertönt.
Das drahtige Horn von Pinguins Kielen und Fahnen erpresst
die Referenz zur Kalibrierung
satellitengesteuerter Sensoren.
Ein Seestern kriecht langsam den Boden entlang.
An die Federbälge eng geschmiegt,
sondern einheitliche Standards Prozessmodelle
multidimensional unter Wasser ab.

Auswertungen widerlegen Konkurrenten. Unter
Kälteeinfluss wachsen Organismen größer.
Der Pinguin schüttelt sich und lässt
das Objektiv ganz nah an sich heran.
In seinem Gehirn lagern Alterspigmente sich ab und
fluoreszieren. Das schwarze Gefieder glänzt; aber
manchmal färbt die Sonne
die schneeweiße Landschaft des Pinguins rot.

Gelbe Katze

Du bleckstest die Zähne als ich dich fand eigentlich
wollte ich schon wieder eine tote Katze schnell vorbei
du mit deinen gebleckten Zähnen den leeren Augen
am Straßenrand so entdeckte ich dich

Jetzt liegst du unter Brombeerranken bedeckt mit Farn
und von Buchenlaub beschattet
Regen wird dich durchdringen
bis nur noch deine Krallen gelbe Katze
deinen Gang erinnern

Altes Pferd

Die alte Stute steht ganz ruhig, ganz still. Nur das Gackern der Hühner von nebenan ist zu hören. Sie ist blind und beinahe taub. Nur noch zwischen Auslauf und Stall bewegt sie sich, in beiden kennt sie sich aus. Beide bieten Sicherheit. Jetzt riecht sie den Menschen und dreht sich zur Tür. Brummelt. Schnuppert an der Hand, die die Bürste hält. Nach der Begrüßung tritt die Stute zurück, verlässt ihre Box, steht. Ihr schwarzes Fell glänzt. Bürsten streichen über ihren Körper. Sie streckt den Hals, schnaubt leise. Ihre Unterlippe zittert. Die trüben Augen richtet sie nach innen. Hände und Bürste. Ihre Mutter. Das weite Land. Die Herde. Ritte durchs Hügelland, die Wälder. Der See. Die vertrauten Menschen, ihr unendlich zugewandt. Ihre Fohlen, sie als Mutter, als sehr alte Stute, geschätzt und bewundert.
Sie wendet den Kopf zum Menschen, ihr Hals wird getätschelt.

Als der Futtereimer gebracht wird, gerät sie in Aufregung, geht unerwartet schnellen Schrittes, fast elegant zum Fressplatz. Gierig senkt sie den Kopf in den Eimer, steht und frisst. Hebt den Kopf, kaut. Futter fällt herunter.

Später wird sie jedes Krümchen aufgenommen und einen sauberen Platz hinterlassen haben.

Zeit für Wechsel

Unverrottbares auf dem Komposthaufen am Grenzstein,
wo sich jetzt der Gartenrotschwanz putzt.
Die kropfige Häsin ist tot, die Katze arthritisch und träge.
Die Bälle der Nachbarskinder landen immer häufiger über dem Zaun.

Aber noch verharren die Kinder nicht im Mirabellenbaum,
noch lehnen sie keine Spielgeräte ans morsche Hüttchen,
noch schmücken sie den metallenen Schuhabstreifer, einen Dackel,
nicht mit Leine, Laibchen oder Schleife. Noch ist Zeit.

Solch ein Brief

Wie schade,
dass ich dir nicht den Lindenblütenduft
und die Windgeräusche,
die seidige Luft
und sogar
das Schwälbchengeschrei schreiben kann,
das Wippen der Bachstelzen ab und an
und das Gekräusche
von einem Fasanenhahn!
Solch ein Brief jetzt gerade
wäre wunderbar!

Ein Liebesgedicht

Marias Mantel
ist
wie der Himmel
mit den goldenen Sternen
über dem Altar
der barocken Kapelle in Baach
oder die fünfhundertjährige Arve
im Capettawald
vor dem Averser Großhorn
ist
wie das Gehänge
an meinen Ohren

Morgengruß

Von der Hartgrasmulde, wo zwei Hütten stehen,
begleitet Morgenwind feucht und kühl
mit einem Regenpfeiferpaar, das
zick und zack
über Heide und Wasser schnellt,
Fischfrau, die hin zum Spülsaum zieht.

Sie hebt mit geschürzten Lippen,
als die Sonne den Nebel leckt,
den langen Mantel über Pfahlmuscheln und
Kies und rosa Schneckenhäusern
und öffnet ihr Haar.

Später rinnt ihr Wasser mit dem der Steine
über den Sand ins Meer und
erfreut den Trilobit.

Trilobit, oh!

Glimmergneis stößt vor
immer
mit feurigem Atem
trifft Schiefer warmen Schoß
Brüste strammen grün entgegen
Begegnung findet Jahrmillionen statt
Bereich Kontaktmetamorphose

Mein weißes Kamel

Eingehüllt in deinen Duft
verbrachte ich die Nacht
in deinem Klippenwüstenhaar, die schwarze Nacht,
im Schutze einer Wanderdüne,
Himmelsgewölbe als Fallschirm darüber,
und sah deine Hufe strahlen.

Beim Aufwachen, es glitzerte Tau,
schien mir, dass du mich wecktest.
Nicht der Wüste Kälte oder Glut, nein, du, du
schwebtest meinen Kopf entlang,
berührtest sacht mein Haar, die Wangen, du,
ich wollte dich fassen, doch fort warst du, weit fort und
in den Morgen schütteltest du dich
rosenrot und silbern wie Mohn
und kehrtest zurück.

Vor mir deines Schädels Büschelwülste
sitze ich auf,
sicher zwischen deinen Höckern.
Auf großen sanften, auf deinen gespaltenen Hufen
und mit klingendem Ohr
fallen wir beide in Schritt.

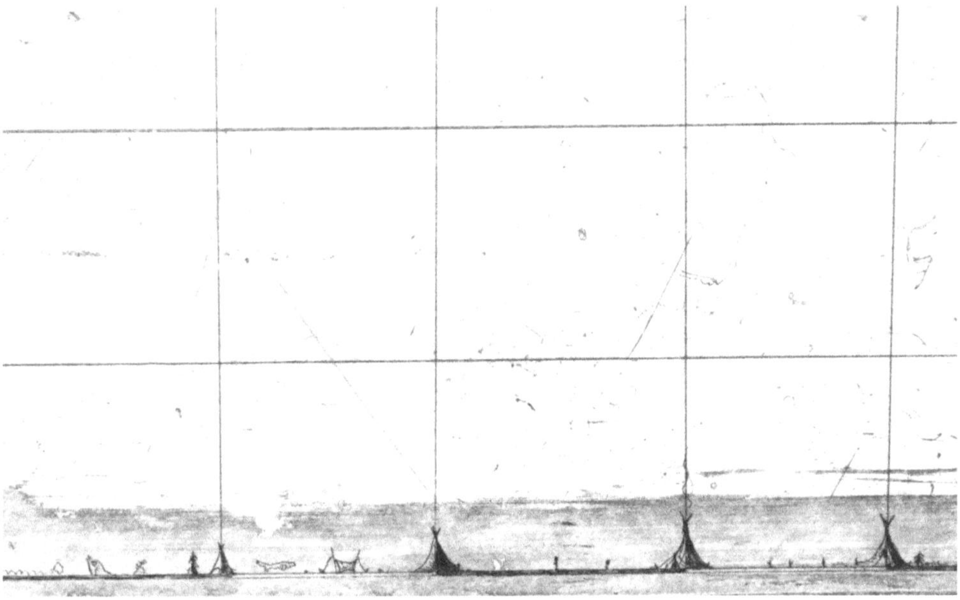

Rätsel

Ich möchte an dir emporklettern
wie an einem Hochhaus
von Stockwerk zu Stockwerk
immer höher

Ich möchte mich verankern
dich versteifen und dann
den entscheidenden
Stein aus der Mauer herausreißen

Du

gleich wie
dich
und dir

Ich will

Ich sauge
den Nachtschweiß aus deinem Haar
und will
gemeinsam mit dir
die Zeit
vertreiben

Atemlos

Herzklopf
Atemstoß
Schlag auf Schlag
Du sagst
Ich mach dich hungrig
Du machst mich satt
Atemlos
Schlag um Schlag
Herzschlag

Kentauren

Was ist wenn wir wären im Schutz hoher Hecken
zu Pferde Piloten
er flämt du wir würden so ähnlich
uns paaren je länger je lieber
gleich wird es
Zyklus bedingt

du bist du bist
spärlich mit Worten ein Fingerzeig reicht
für Regenpferde
für Weihnachtsregen
die Form die Form von
weit hinten
Kentauren

Welch ein Tag!

(Wenn Guido Schiefen Cello spielt.)

Tagebuchnotiz

Morgens gewaschen, die Kinder gefahren und Rindfleisch getütet, gefroren
später gegessen, gemacht und getan, grad den Beginn des Konzerts geschafft
im hellen Nachmittagslicht der Kirche Bekannte gegrüßt und begrüßt
nach andern vergeblich geschaut und dann!

Welch ein Tag!

In Gold eintauchen, in gleißendes, flüssiges Gold
die Augen geschlossen, durchdrungen von Klängen
Sonaten und Suiten, begleitendes Stöhnen
geseufzt und berechnet, gestrichen, geschnauft
Nur Freude, wie Pferde, geflügelt, gezügelt
Fulminantes Musizieren, Jubilieren
wenn nichts mehr als Musik bestimmt
Atmosphären schwingen

bis zum Schluss
der letzte Ton verklingt

Langsam langsam
dämmert das Kirchenschiff im Kerzenschein und
das Publikum klatscht und klatscht und klatscht und Abgang und Zugabe
klatschtklatschtklatscht und wieder und noch mal
berechnet, gestrichen, geseufzt und durchdrungen
der letzte Ton verklungen, der letzte
Und draußen die Kälte
Zu Hause das Rind getütet, gefroren, mit Kindern gespielt, gelesen,
ermüdet

Im Schlaf noch die Wärme des Cellos gespürt

Alfred Brendel spielt

tritt auf die Bühne, eins!sichsetzen, bist du so weit du bist so weit spielst du mit mir ich spiel mit dir ein ganz klein wenig weicht das Instrument zurück ebenbürtig virtuos und voller Klang allüberall Töne, holt die Musik schlägt mit dem Flügel glockenhellfeiner die Tasten greifen unsichtbar rasant perfekt angespannt doch still vergnügt schlägt die Tasten bläst die Backen weiter schiebt das Leitmotiv der Flügel horcht in eigener Ergriffenheit spielt und ihr Spiel des gespielten Spiels spielt mit erbarmungslos inniger Zweisamkeit, hach!, der Flügel schnellt fast von der Bühne, die Rechte in die Frackinnentasche die Kuppen zu schärfen für besseres Spiel absolut beherrscht was mag wohl dahinter sein keine Frage. geh du ich geh.

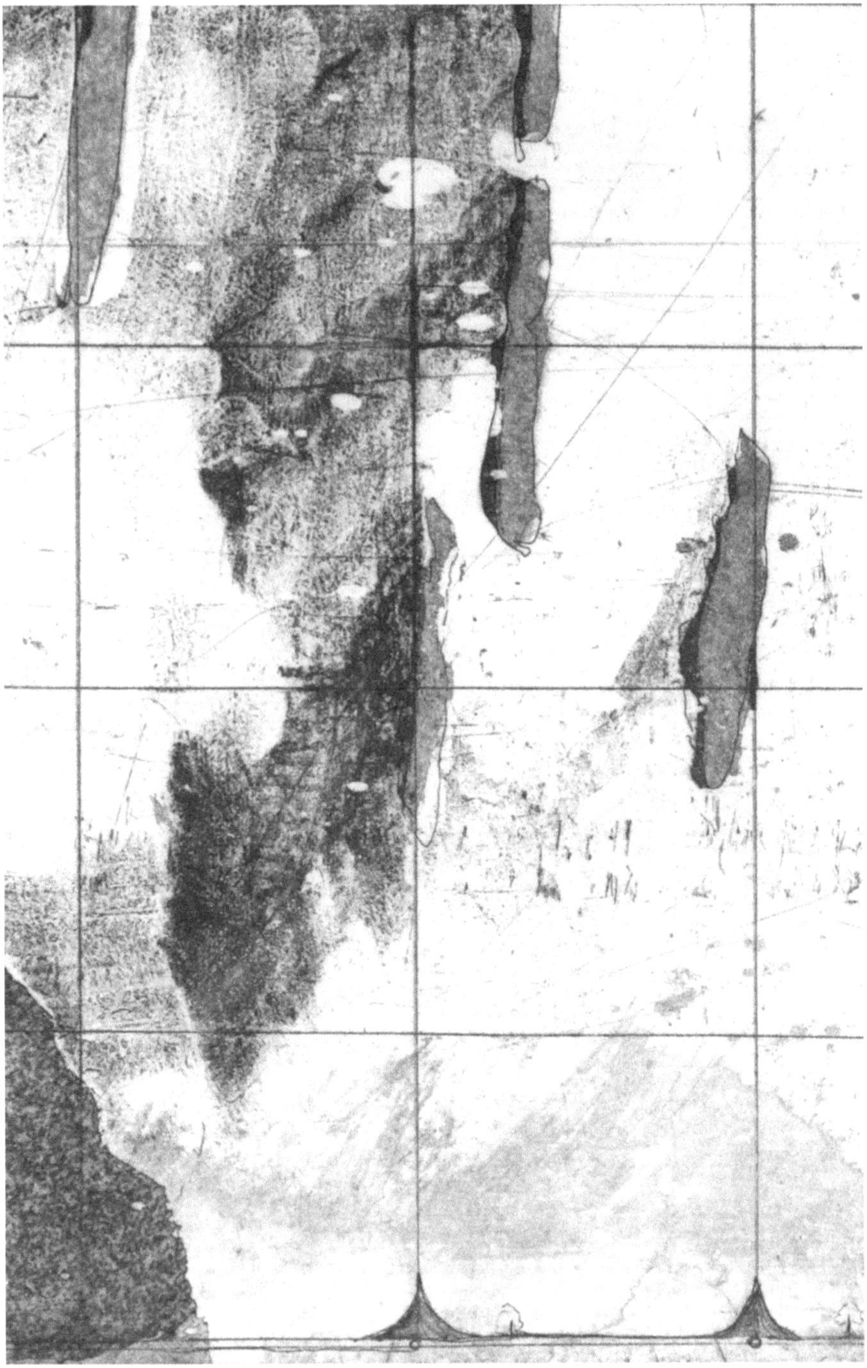

Der Malerin Andrea Rausch

Was ist es,
das mich so erstaunen macht?
Auf leichten Füßen bar
tappt die Titanin durch die Stadt
im Winter
vor der Sonn.

Auf dem kleinen falben Pferd -
ta pin ke bang ta pin ke bang die Straß entlang –
komm ich zu ihr in den Garten,
weiß mit Schnee.

Und rot wie Blut
leuchten die Narben verbrannten Fleisches,
der großrunden Schenkel, der Brüste, ihres Gesichts,
Hitzemale.
Sie nackt,
den geschorenen Kopf der Sonne zugewandt,
Wärme und Licht ersehnend.

Durch ihr Gemurmel reite ich
ihre Berge hinan und rum und rauf.
Andrea findet Gefallen an den Zebrabeinen der Stute und
trägt Blau auf Leinwand an Rot und Farbe in Gold.

Auf ihrer rechten Schulter sitze ich ab und schaue
mit Blakka das Malen:
der Weltraum über Kenia.

Da fliegen wir tapinkebang
den Storchenzug nach Afrika.

Andrea Rausch (13.12.1956 – 16.2.2017), Künstlerin in Fredelslohe mit überbordender, allgegenwärtiger Phantasie, war ihr eigener Kosmos mit der ihr eigenen Welt in ihren Bildern.

Vom Umgang mit einem bestimmten älteren Herrn, Oskar Pastior

Deutsches Literaturarchiv Marbach – Großbaustelle
Ein älterer Herr auf grundsolidem Schuhwerk, zwiegenäht,
mit vielbenutzter Aktenmappe aus Vollrindleder sprach
mich, vom Parkplatz kommend und suchend, am Straßenrand an,
fragte nach dem Weg zum zum wiederholten Mal verlegten Ort
der Lesung von O.P.

Ich geografierte, gemeinsam fanden wir den Raum.

Nach dem Hineingehen, niemand nahm Notiz von uns,
bat mich der Herr, mich doch neben ihn und in die erste Reihe zu setzen:
als Ruhepunkt beim Aufblicken während des Lesens
und um ein Auge auf seine Tasche zu haben.

Als ich nach Lesung und Diskussion, nach dem Applaus,
mich vom Autor verabschieden wollte, wurde ich von Verantwortlichen
zur Seite genommen und mir nahegelegt, dass ich nun für Herrn Pastior
das Taxi zum Bahnhof anfordern könne.

Oskar Walter Pastior (geb. 20.10.1927 in Herrmannstadt, Königreich Rumänien, gest. 4.10.2006 in Frankfurt am Main) war ein rumäniendeutscher Lyriker (Lautpoesie, Sprachspiel, Wortakrobatik) und Übersetzer. Posthum wurden Vorwürfe gegen ihn erhoben, in den 1960er Jahren für den rumänischen Geheimdienst inoffiziell tätig gewesen zu sein.

Dieses Buch

Bäume rauschen. Äste ächzen.
Wolken rasen. Regen peitscht die
Dunkelheit: Sturm tost übers Land.

Plötzlich Stille. Sturm hält inne,
sieht das Licht in meinem Fenster
und guckt rein: „Was?! Dieses Buch?
Das liest du auch?!“, und tobt weiter.

EisInschrift

Vor langen Zeiten ritzte ein Yeti
seine Gedanken in Eis.
Er ging. Sie überdauerten
gefroren.

Über die Kunst

Kunst bereitet Freude
provoziert und begleitet
sie verändert nicht die Welt
hilft jedoch sie zu ertragen

In den Ritzen und Klüften
der menschlichen Täler und Schluchten
lässt Kunst Neues entstehen
kristallisiert zu möglichem Wir

Über die Kunst
feiern wir das Leben
stellen wir das Leben in Frage
bringen wir uns Menschen näher zusammen

Über die Autorin

Ute Marianne Pfeiffer

Germanistik- und Geografie-Studium in Tübingen
Arbeit als Lehrerin in Schleswig-Holstein

Seit Ende der 1990er Jahre Veröffentlichung von Lyrik und Kurzprosa in Zeitschriften und Anthologien
Wiederholt Zusammenarbeit mit Künstler*innen anderer Gewerke als der Literatur
Einzelveröffentlichungen: 2003 Fagerhaug mit einer Illustration des Malers Kay Prinz; 2020 Jetzt steig ich auf vom Grund mit Illustrationen der Bildhauerin Charlotte U. Clemen

Jury-Tätigkeit für NordBuch e.V.
Korrekturlesen und Lektorat für Kolleg*innen
Lesungstätigkeit
Einladungen als Autorin nach Frankreich, Polen und Litauen

Mitglied im Verband deutscher Schriftstellerinnen und Schriftsteller in der Gewerkschaft Verdi

U. M. Pfeiffer: *„Als gesellschaftlich engagierter Mensch beschäftigen mich sowohl die Einheit von Fühlen, Denken und sprachlich-schriftlichem Ausdruck unter Menschen als auch die wertschätzenden Beziehungen mit nicht-menschlichen Tieren auf der Basis von Freiwilligkeit, Respekt, Vertrauen und Freude".*

Website: ge-dichte.de

Über den Künstler

Julian Herstatt

Julian Herstatt schloss 2020 sein Studium der Freien Kunst an der Bauhaus Universität Weimar ab. Dort hat er sich mit Schwerpunkt Druckgrafik ein umfangreiches künstlerisches Repertoire an Ausdrucksmöglichkeiten angeeignet. Von technisch ausgefeilten klassischen Aquatintaradierungen bis zu digital gelaserten Strukturen, verknüpft mit spannenden Inhalten, reicht seine Spannbreite. Herstatts Phantasie beschränkt sich nicht nur auf das Inhaltliche. Sogenannte technische Fehler sieht er oft als Chance für kluge neue technische Umsetzungen.
Vor und während seines Studiums arbeitete er u.a. als Volontär bei James Turrell in Schweden, assistierte dem Künstler Michael Wutz und absolvierte verschiedene Praktika, u.a. bei der Galerie Crone und der Stiftung Oper in Berlin. Zeitweise lebte er in Wien. Seine Arbeiten wurden u.a. in Ausstellungen in Hamburg, Weimar und Kiel gezeigt. Derzeit lebt er in Weimar.

Website: julianherstatt.com

Verzeichnis der Abbildungen